每天的生活，都是靈魂的精心創造

You create your own reality.

每天的生活，都是靈魂的精心創造

You create your own reality.

You create your own reality.

每 天 的 生 活 ， 都 是 靈 魂 的 精 心 創 造

賽斯心法12

表達
——《個人實相的本質》讀書會8

主講——許添盛
文字整理——李宜懃
總編輯——李佳穎
責任編輯——張郁琦
文字協力——陳世文
封面照片——許添盛提供（心心與樂樂）
美術設計——唐壽南
版面構成——黃鳳君
發行人——許添盛
出版發行——賽斯文化事業有限公司
地址——新北市新店區中央七街26號4樓
電話——22196629
傳真——22193778
郵撥——50044421
版權部——李宜懃
數位出版部——李志峯
行銷業務部——楊婉慈
網路行銷部——高心怡
法律顧問——北辰著作權事務所
印刷——鴻柏印刷事業股份有限公司
總經銷——大和書報圖書股份有限公司
地址——新北市新莊區五工五路2號
電話——8990-2588　傳真——2299-7900
2025年2月1日　初版一刷
售價新台幣350元（缺頁或破損的書，請寄回更換）

ISBN 978-626-7332-90-0
賽斯文化網http://www.sethtaiwan.com

Expression: Introduction to"The Nature of Personal Reality" Vol.8

表達

《個人實相的本質》讀書會 8

許添盛醫師◎主講
李宜懃◎文字整理

關於賽斯文化

我是個腳踏實地的理想主義者。賽斯文化，是為了推廣賽斯心法及身心靈健康理念而成立的文化事業，希望透過理性與感性層面，召喚出人類心靈的「愛、智慧、內在感官及創造力」，讓每位接觸我們的讀者，具體感受「每天的生活，都是靈魂的精心創造」（You create your own reality）。我們計畫出版符合新時代賽斯精神之書籍、有聲書、影音商品及生活用品，並提攜新進的身心靈作家，致力於賽斯思想及身心靈健康觀念的推廣，期待與大家攜手共創身心靈健康新文明。

發行人　許添盛醫師

表達

《個人實相的本質》讀書會8

Expression: Introduction to "The Nature of Personal Reality" Vol.8

目錄

關於賽斯文化

第71講

第74講

第77講

第80講

第71講

71-1

不論是夢境或疾病，只有當事人最清楚其意義

（《個人實相》第二九六頁倒數第二行）就夢而言也是一樣，除了自己之外，沒有一個人真正知道它的意義。同樣地，如果一個人生病了，全世界沒有人比他本人更了解自己為什麼會生病，也沒有人比他更有能力讓病好起來，根本不用問任何人，病理專家可以把切片給他看，醫生可以把腫瘤切除，可是背後的原因只有當事人最清楚。我的角色是幫助病人把他本來就知道的東西弄得更清楚，我並沒有比他更知道他為什麼會生病，我只是引導他，從否認、不覺知到變得覺知而已。

如果看了那些告訴我們某一個夢中物體永遠代表某一種涵義的書，有些書會說明如何解夢，比如，棺材代表發財、牙齒掉了表示親人死亡之類的內容。如果去相信這類書籍，那麼就像是一個接受了藝評家對畫中符號立論的藝術家，那就像是我在過我的人生，卻交由別人對我的人生產生評論一樣。

如此一來，會對自己的夢感到陌生，其原因在於我們試圖使夢遵循一個非我們自己的模式，交由別人來詮釋自己的內心世界。無論如何，當我們試著有意的去估量一個夢的意義時，詮釋只涉及了這夢的功用的一部分。同學常會問：「我不會解夢，又不記得夢，怎麼辦？」不用擔心，因為做夢的當時，夢的真正功用——在深的心理與生理層面上，已經發生了。

雖然我們早上醒過來不記得任何夢，可是夢的功能早就發生了，後來醒過來可能會去記夢、詮釋夢，但那都是另一種附加價值，因為在做夢時，早就提供了身心的好處。

夢境是內在的眾神從能量層面幫忙治癒身體

夢中事件影響我們整個身體的狀態，因而有持續不斷的治療效果。夢比任何人間偉大的治療更有效，只要相信每天的夢本身有治療效果，光是這一點就會讓我們增加信心。我講過，夢是內我在傳遞訊息給我們，試圖讓我們恢復身心平衡。

夢有持續不斷的治療效果，這是來自任何夢的戲劇裡設定的心靈情境，在那個情境中，自己的問題或挑戰獲得了解決，採用了許多可能的行動；然後這些被投射進可能的將來。當我們逐漸了解自己信念的本質時，可以為了自己有意識的目的，而學著更有效的運用夢境，這是最有效的自然療法之一，並且是我們肉體的形成大半發生於其中的內在架構。

之前提到，整個大自然界有非常多自我療癒的方法，包括聽大自然的聲音、音樂、運動等。有位同學得了蕁麻疹，我教她的治療方式就是把情緒發洩出來，她找了半天找不到發洩方式，結果很難過的大哭，哭完後蕁麻疹竟然好了，原來哭本身也是一種很好的情緒宣洩管道。也許她之前得到蕁麻疹，就是因為一直想哭，但是哭不出來，現在大哭一場，整個能量也協調了。

夢境也是一樣，是所有自然治療法裡最有威力的一個，「信任夢境的確是要幫我們恢復身心健康」，這句話很重要，因為做夢就是神在治療我們的身心，夢是諸神的語言，也是內心的眾神跟我們溝通的過程，所以夢境本身是內在的眾神在幫忙治癒身體，從能量層面來矯正。

有一些給精神病患服用的藥物，或多或少阻擋了夢的治療其自然之流。

我希望將來有個地方可以讓這些精神病患復健、成長，而且最好是有瀑布。這部分是我的理想。

71-2

生命轉換時，要調整信念系統才能重新找到自己的定位

剛才有位學員分享，過去她對自己生命設定的位置是事業有成，擔任公司的高階主管。她這輩子最恨的就是煮飯炒菜，結果當了十年的家庭主婦後罹患癌症，生病後請家事管理員幫忙煮飯，她在旁邊聽古典音樂，做自己喜歡的事。

今天我問她：「妳真的找到人生的位置了嗎？」她說很羨慕先生，因為他找到了自己的位置，在工作崗位逐步往上爬，而她必須待在家裡當家庭主婦，帶小孩、做家事。她有時候覺得頭和腳飄飄的，不知道這個天地當中自己的位置在哪裡。

這也是我要問大家的問題，比如，走進會議室開會，十個人有十張椅子，第一件事就是去找自己的位置，而多少人失落了在人生當中的位置。位置有很多種，有些是世俗的頭銜，有些是自己給自己的，尤其是每個人在生涯轉換時，真的找到位置了嗎？

這位學員本身是日文老師，我跟她說：「不然妳試著把我的書翻譯成日文。」她說這件事很好，也很想做，但不知道為什麼總是缺乏一股動力。後來我問她：「會不會那個東西不符合妳在某個位置的價值觀？」假設我聘她為許醫師的日文祕書或推廣身心靈的日本發展大臣，有一定的社會地位和收入，也許她就會覺得有價值。這個東西很有意思，當我們失落了世俗的價值，有沒有辦法為自己創造一種有意義、有價值的位置，還是我們的信念仍停留在過去？

如果不覺得這個東西是個位置，根本不會有動力去完成，因為在她的心目中，那是沒有重量的東西，所以我今天問她，什麼叫做她的位置？後來她才說，也許是在某間大公司裡擔任高階主管，打扮得光鮮亮麗，中午去吃商業午餐，而不是去幫孩子買午餐。

我要說的是，一旦生涯改變，信念也跟著改變了嗎？她現在其實過著很多人都羨慕的生活，先生賺錢養家，也不計較她花錢，有很多時間可以做自己想做的事，可是她卻找不到自己的位置，頭頂不到天，腳踏不到地，茫茫天地之間，價值和意義在哪裡？

而每個人都會碰到生涯轉換、退休、離婚、從總經理變成退休老人、面臨空巢期或角色轉換，在這種角色轉換的過程中，就是重新找到自己位置的時候。

請大家想想：「你人生的位置在哪裡，現在有沒有坐在你位置上的感覺？還是所有人都已經就定位，而你還在找位置？這個問題涉及了你是誰、你在哪裡。」每個人都會面對自己生命的轉換。

我再講實際一點，哪一天我們往生了，爸爸會變成前世的父親，老婆會變成前世的太太，位置改變了。一死之後，世間所有的名利跟自己就毫無關係，我們的人生會面臨所有身分、職業、住家的轉變，可是在內心裡，找到自己的位置了嗎？

這位學員的不平衡在於，先生一直在自己的位置上，是個賺錢養家的父親，而且個性樂於付出，別人高興，他就高興，願意把天下人的憂愁擔在身上，偏偏她本身是個小愛愛——小心眼、愛生氣、愛計較，所以在面對先生時，常常覺得：「為什麼你可以？你一定是假的。」她就更生氣了。她自認能力、學歷也不比先生差，為什麼他可以在他的位置上，而自己這十年來找不到位置？

她今天跟我說：「許醫生，很奇怪，我應該要以先生為榮，他賺錢為家人付出，只要我快樂，他就快樂，也不會跟我計較，可是為什麼我那麼嫉妒他？」我說：「很簡單，因為妳先生找到他的位置，妳還是一隻飄來飄去的孤魂野鬼。」這件事很重要，每個人都必須要有自己的位置，生涯轉換不困難，只是觀念沒轉過來。

做了什麼事才得到某個頭銜，而非得到某個頭銜才去做什麼事

我的門診有個憂鬱症患者，五十歲退休，看了三年醫生、吃了三年的藥，我問他：「你退休三年了，怎麼沒有再去找新工作？」他說：「許醫師，你想想看，我以前是總經理，一個月出去應酬的小費就花掉三、四萬，現在叫我去找一份三、四萬的工作，比以前發出去的小費還少，我為什麼要去做那種工作？」請問他找得到他的位置嗎？找不到。對他來說，一、二十萬的工作才叫做位置，三、四萬的工作不是位置，因為三、四萬的工作比他過去一個月發出

去的小費還少。

我說：「你可以改變觀念。」我最喜歡舉例說，可以去棺材店學做棺材，去水族館學養魚，去寵物店學怎麼養寵物，這是做健康、快樂、冒險、趣味的，那個位置不是由收入來衡量。可是我們的觀念經常沒轉過來。

如果前述那位學員把我的書翻譯出來，名字打在上面，哪一天被日本某家出版社相中了，只有四個字可以形容：「流傳千古。」這不叫做位置嗎？可是這個位置可能之前不在她的價值觀裡。我也跟她說：「以後這本書出版了，日本邀請許醫師去那邊演講，我一定是找妳當口譯，那邊要發展，也一定是找妳當助理。」很多東西必須一步一步去開創，但對很多人來說，這很困難，因為我們一輩子都是去走人家規劃好的路，人家給我們定好的職缺。很多人是得到了一個頭銜，才去做那個頭銜的事，我們這裡教的是：「你做了什麼，才得到那個頭銜。」

以超人為例，他是有一天叫自己超人後，才開始飛嗎？還是他去做超人做的事，才成為超人？在這一點，我要改變所有人的觀念，「一個人做了什麼，才是什麼」。可是過去我們對自己沒信心，需要別人貼一張標籤說我是什麼，然後才去做什麼，這樣不對。如果抱持著這樣的信念，在生涯轉換上會很痛苦，因為大多數人生的轉變沒有頭銜，很少人的名片上印著「家庭主婦」，如果信念系統沒有改變，怎麼轉都轉不過來。

對這位學員而言，失落了生命的位置，那個位置是什麼時候的價值觀？可能是十年、二十年前的價值觀。其實我只是想逼她去感受那種找不到自己位置的慌亂感，像一隻沒有牌位的鬼，大家在玩大風吹，每個人都坐下來了，她還在繞。

究竟自己是誰、位置在哪裡、為什麼存在於天地之間？從過去一個優秀的學生，完成了碩士學位，到成為家庭主婦，現在是兩個孩子的媽，後來先生外派，孩子有自己的生活圈，不常回家吃飯，連做飯都生疏了。她要去感受那個「我的位置在哪裡」的慌、那個價值，思考接下來要怎麼走。如果感受到了，就會產生一個意念：「我一定要找到我的位置，我的位置到底是什麼？」

我跟她說：「妳要嘛回去職場打拚，找回那個高階主管的職位，要嘛重新改變價值觀，找到妳的定位，就可以使力，發揮力量。」如果要推東西，腳得先有個支撐力，一定是先找到了位置，才開始使出力量。

我最近看到太多個案慌亂不安，沒有找到施力點，於是生命一直打轉，不是得到精神疾病，就是肉體上的疾病，因為他們還沒找到下一個階段的生命位置。

71-3

解決了內在問題，疾病治癒後才不會復發

（《個人實相》第二九七頁倒數第二行）如果接受西方的醫學信念，賽斯並不建議我們一下子就把所有的醫生丟掉，而是慢慢丟，像我們有位同學是藥師，也慢慢學會把藥丟掉，讓身體自我療癒。

但如果不去理會身體裡面任何的化學不平衡，當我們藉著任何一種天然療癒法，把造成化學不平衡的內在問題解決了之後，身體就會自然地糾正自己。我說過，不是去治療病，病不可能被治好，因為病本身是幻相，任何疾病的原因都是來自背後身心不平衡。

以前只要一生病，馬上醫病，現在稍微改變一下，試試完全相反的邏輯，生病時先不要醫病，而是去找到底病是從哪個身心不平衡而產生，去找到其背後的理由，然後藉助所有天然的治療法。

如果不太了解天然的治療法，建議看我的《用心醫病》，那本書裡面介紹一些治癒法，包含憤怒或大哭一場，讓情緒宣洩。假設我們開始使用這些天然的治癒法，把造成化學不平衡的內在問題解決了，身體自然會糾正自己。賽斯說，病不用去理它，不是直接解決病，而是找出問題的關鍵，去解決帶來那個病的不平衡。

這個新的平衡告訴肉體說，一個內在的問題已經解決了。然後身體、心智與心靈之間就多少有一種和諧運作。而當心靈的挑戰重新升起時，另外一輪的自然治療就有節奏地發生了。然而，當身體上的不平衡藉藥物的作用而獲得解決時，這裡的「藥物」一詞，也可以換成手術、化療、放療等手段，身體的信號會說，內在的難局一定也已被照應好了，因為身體的問題解決了，可是內在的問題可能根本沒有解決，於是身心又進入另一波更大的不平衡。

假設孩子每天都在哭，心中不平衡，爸媽告訴他：「再哭就不要你了。」他就不敢再哭，但問題解決了嗎？沒有，問題更大了。現在所有的醫藥，不管是能量治療、氣功治療、草藥治療，任何的治療都試圖從物質層面矯正身心，而不是讓自己的身心獲得平衡。去面對內在的問題，因為一旦內在的問題解決了，身心靈三者就會開始自動恢復平衡。但如果是藉由藥物解決不平衡，例如某甲很憂傷，每天給他一顆快樂丸，雖然他看起來很快樂，不過問題並沒有解決。

整個有機體在這種情況下自己沒有獲得統一，身心靈沒有統一，當問題以某一種方式展現，而後藥物阻塞了心靈疾病的正常表達，然後心靈就會去尋求其他的表達方式。如果這些其他的表達也以同樣的方式被阻塞了，那麼整個身心關係就變得和它自己疏離了起來。內在的機制被擾亂了，因為那個基本的挑戰不但沒有被面對，並且一再被拒絕給予實質的表達。

賽斯的根本涵義是，任何肉體疾病都是傳達內在的不平衡，若只把傳達的管道阻塞，沒有去解決內在問題，身體彷彿醫好了，人還是感到孤單、痛苦，找不到未來的方向，不知道怎麼快樂地活下去。

我常講，為什麼癌症沒辦法醫好？因為內在根本的問題沒有解決，內心的痛苦和壓力會以轉移的方式再呈現，也許是復發或得另一個癌症，甚至是出意外。我們在這裡學的是，只要達到身心靈的統一和平衡，肉體自然會健康。

運用與生俱來的創造能量，讓身心快速恢復平衡

如果不去管它的話，這種實質的表達就會帶來自然的解決。顯然在這兒有許多的細節，比如說在我們的社會裡，我們自己的信念系統也必須納入考慮。如果一個人不相信自然的療法，自然就會阻塞它的發生。現在的人類比較不相信自然的治療法，多數人的觀念是：「沒有去找醫生，就表示沒有接受治療。」治療已經等同於醫院，其實不對。

如果不相信自然療法，就會阻塞它的發生，每天活在痛苦裡，擔心：「我沒有接受治療，怎麼辦？」自然的治療法沒有數據、科學統計，然而人類至少活了好幾千年。以前根本還沒有西方醫學，人類是怎麼活下來的？

如果一個人不相信自然的療法，自然就會阻塞它的發生。如果又不去看醫生，心中的恐懼便會引起更多的傷害。賽斯不是叫大家不要看醫生。另一方面來說，如果對醫藥的幫助有信心，這個信念就會為他帶來治療的力量。得到醫學最多幫助的人，就是那些死心塌地相信醫學的人，因為他們對醫學信心十足，看到醫學就覺得心安。

如果內在的問題沒有處理，縱使對醫藥很有信心，醫藥幫助就只管用到某

一個程度。通常那些病會自動被解決，不論這個人做了什麼或者相信什麼，只因為他內在擁有巨大的創造能量，以及在他出生時給自己身體的一個自動調節系統。賽斯強調的是，所有人要開始認識自己的神性面。神性面就是內在擁有巨大的創造能量，以及人在出生時，給自己身體的一個自動調節系統，這些都是與生俱來，只要越信任，對健康的幫助就越大。

對於相信醫藥、醫生的人，的確會得到幫助，可是只管用到一個程度，因為回到我們那句話：「最好的換心手術，救不回一個沒有心要活下去的人。」如果一個人有心要活下去，不管吃了什麼、喝了什麼，不管相信什麼、不相信什麼，一定會好起來。我常講，就算吃香灰都有效。

我問過很多學生：「吃香灰有沒有科學根據？」當然有。因為對一個會吃香灰治病的人來說，是香灰在醫身體嗎？不是，是他相信神會醫他的身體，不管他相信的是恩主公還是觀世音菩薩。由此可知，香灰是誰開的藥？是神明開的藥，他因為相信神明而產生信心，於是會因為信心而痊癒。從賽斯思想的角度來看，那些吃香灰的人之所以會好起來，的確是有科學根據，這叫「信心治療法」。

吃香灰等於是神開藥給人吃，是神厲害還是醫生厲害？在大家的觀念裡面，當然是神厲害，所以神開的任何藥當然比醫生開的藥有效。其實一個人在吃香灰醫病時，也不是神在醫他，而是他覺得神在護佑，感到很心安，於是啟動了內在的神性面，因為神就在心裡，吃香灰只不過是個開關，啟動了整個過程。

如果內在的問題沒有處理，那麼病只會好到某個程度。如果沒有去面對身心的不平衡，這個好也是暫時的。現代人吃香灰醫病，其實比吃藥醫病更高一層、更科學，而且更沒有副作用。兩者使用的一樣都是信心，一個是對神明的信心，另一個是對醫藥和醫學的信心，但是吃香灰這一組比較沒副作用，因為只是一堆碳粉。兩者的效果本質上差不多，端視相信神明或醫學的力量。

吃下香灰之後，心念改變，思想情緒跟著改變，覺得：「神明開始幫助我了。」情緒安定後，身體開始改變。所以，吃香灰是透過自己的思想和情緒，讓身體的化學平衡，吃藥也是一樣，基於對醫學的信心，藥吃下去心就安了。就像媽媽餵孩子吃藥時，藥吞下去，媽媽就安心一半，覺得病開始好了，這個藥的化學成分可能也真的開始矯正身體的不平衡，但任何的藥都有副作用，於是副作用也出來了。

我們要帶大家走的這條路是：第一、根本治療，去面對內在真正的自己。到底身心哪裡不平衡，是對愛、對生命絕望，還是自己不斷地要求完美，而造成身心不平衡？所以一定要找到自己內在的困難和身心不平衡的關鍵。第二、開始使用自然的治療法。其究竟的理論就是：「我們生來就擁有巨大的創造能量，內在的神性自然有能力把我們醫好，而且在出生時，給了自己身體一個自動的調整系統，藉由啟動自然的治癒法，讓身心開始快速恢復平衡，一旦達成平衡，疾病自然會消失。」這才是整個賽斯心法要帶給大家的治療法門。

71-4

攻擊性是一種生命的表達，一旦受到壓抑，會導致身心疾病

這次在賽斯村上課講到「攻擊性」，我還是要強調，賽斯心法裡的攻擊性不是去攻擊、傷害別人，而是一種生命的表達。

賽斯講過，在我們的實相裡，最大的攻擊性是一個嬰兒來到這個世界，也就是用力地把一個孩子推到這個世界來。另外，一朵花的綻放也是攻擊性，這是一種生命能量的表達。但是過去很多人誤解了攻擊性的能量，沒有足夠的智慧以正面和建設性的方式展現攻擊性能量，於是限制性的信念造成了攻擊性能量的阻塞和壓抑，這就是所有身心疾病的根源。

很多人甚至沒有去認識自己的攻擊性，包括想要表達想法、追求生命的夢想或說出真心話。比如，一個部門的主管想按照自己的理念，去執行對自己、對整個團隊或公司有益的方向，這叫做攻擊性。許多人誤解了攻擊性，導致力

量出現障礙。

今天門診也有個精神分裂患者跟我說，他的症狀是覺得別人會收到他的訊息，而且會以一種雙關語的方式回應。舉例來說，有一次他去捐血，護士幫他消毒，放上抽血的裝置，那時候他突然起了一個念頭：「這些幫人家抽血的護士本身會不會有乳癌？」後來他就開始有一種不舒服的感覺，因為他覺得人家知道他在這樣想，而這不是一個好的念頭。

這是精神分裂常見的症狀，叫「thoughts of being known」，意思是他在想什麼，人家會知道。後來他發現整車的護士都不見了，更證實他的想法被人家收到。他有糖尿病，去看醫生，那位女醫生長得很善良，他心裡突然出現一個英文字「ugly」，他覺得女醫生收到了這個意念，就拚命開驗血單，好像要把他沒有的病驗出來。別人的回應又讓他做了錯誤的連結。

他的狀況第一個是知覺扭曲，第二個是錯誤連結。他跟我討論這件事，我說：「像你這類的念頭，許醫師每天起的何止上千萬。」但是他說，他要追求思想的純正，不容許自己有負面、黑暗、對人不敬、攻擊性的思想。

可是我們每天從早到晚會產生多少這類的思想？比如一出門，發現家門口有一堆垃圾，第一個念頭是：「到底是哪個人這麼沒公德心？」我的意思是，人必須容許自己有這類的情緒和攻擊性的念頭，但是當然不能有攻擊性的行為。這裡的攻擊性是指自發性，如果連攻擊性的情緒都沒有，就不用當人了。

因此，我們一定要承認且接受這類思想，但不能用來傷害別人，然後要用智慧把攻擊性的能量和念頭引導到正面、有建設性的方向，絕對不能阻礙潛意識裡這種攻擊性能量的流動，因為能量一旦產生，只能變成行動，要去展現、轉化，不能回收，也不能銷毀。

有個罹患卵巢癌的同學，對於自己變成太太、媽媽很反感，覺得：「我幹嘛那麼苦？」我相信她一定有很強的動力，想逃離這段婚姻和這些角色，可是她沒有去承認且接受這個攻擊性的想法。如果承認且接受了，就可以跟先生溝通，說不定去做個小生意、再唸書或學個技能，只要容許攻擊性出來，就不會得卵巢癌。

她的卵巢癌是強大的攻擊能量無法釋放或變成行動的結果，藉由這場病讓她到了賽斯村，先生的目的是希望太太去把病治好，太太的目的是逃離充滿無力感的環境，開啟新的人生。

當年她一定很想再靠自己的力量做生意、賺錢，培養一技之長，證明自己是個有用的人，不想在家帶小孩、洗碗，只靠先生養。可是又想：「我已經是太太、媽媽了，怎麼可以拋夫棄子，違背先生、婆婆及那麼多人的想法呢？」於是把很多的無奈壓在心裡面，造成那個強大的攻擊性能量沒有出口。她到這邊學賽斯思想，最重要的是讓整個身心靈轉變，攻擊性的能量可以找到出口，因為這股能量必須面對，然後找到好的表達方式。

71-5

有時候沒有專業治療反而比有專業治療更能解決精神狀況的問題

（《個人實相》第二九九頁第三行）這種身心的自動調節系統，同樣也適用於精神的狀況，在精神疾病部分，有時候沒有專業治療反而比有專業治療更能夠解決問題。賽斯這句話很叛逆又發人深省，太匪夷所思了，大家不是說要相信專業及統計數字嗎？來看他怎麼解釋。

不管採用什麼好意的療法，精神也常常會自己痊癒。意思是說，很多的治療是在干擾。賽斯說過，大家所認為的種種治療其實都是在扯後腿，但縱使在這種情形下，身體竟然還是能夠自我療癒，我看到這句話實在是哭笑不得。賽斯覺得真正很棒的治療不是這種扯後腿的治療，而是整個內在的問題解決了，相信身體的自然療癒法，去從事會帶給身體自然療癒的活動，包括情感和思想的活動。

最近的一種觀念是，某些精神狀況是由身體內化學不平衡引起的。像很多人說憂鬱症是腦袋裡缺乏血清素，精神分裂可能是多巴胺系統不平衡，這是目前流行的說法，而賽斯早在一九七三年就提到這件事。

這種化學不平衡引起的精神疾病，給予一些藥的確會部分改善。賽斯沒有否定醫學、藥物，他說很多精神疾患吃了抗憂鬱劑、安眠藥、抗精神病或控制情緒的藥物，的確有一些改善。

引起身體疾病的是一個人對自己實相本質的信念

事實上，這種化學不平衡並不會引起任何疾病，疾病不是由化學的不平衡所造成，是一個人對自己實相本質的信念才會引起疾病，對未來絕望、對自己不夠信任，才會讓人生病。

舉例來說，《魔戒》裡有個角色叫咕嚕，他最大的特色是有精神分裂症，一個自己說：「要信任主人，主人不會害我。」另一個自己說：「你是笨蛋、白痴，去把主人殺掉，再信任他就會被他害死了。」咕嚕顯現出來的完全是精神分裂症狀，幻聽、被害妄想、注意力不集中、自言自語。精神分裂就是一個人內在的人格分裂成兩部分：一個主人格、一個次人格。所以常會看到很多精神分裂的病人在自言自語，因為裡面好多個自己在說話。

賽斯說，這種疾病不是由化學的不平衡產生，而是一個人對自己實相本質的信念，才產生化學不平衡，因此，化學不平衡不是根本原因，只是過程而已。比如，某甲有憂鬱症，不是化學不平衡讓他得憂鬱症，是他對世界充滿了憤怒、對自己充滿了無力感，假設他非常熱中政治，可是對台灣的政治絕望，這種對政治的無力感讓他產生了化學不平衡而得到憂鬱症。如果我現在不管他對政治的失望和痛苦，直接改正他的化學不平衡，這是解決之道嗎？不是，因為化學不平衡不是原因，只是過程。

賽斯不是要我們反對現代醫學，而是看清楚它只是治標，不是治本。有些人跟親朋好友推廣說：「信念很重要，相信自己就不會生病。」對方可能會說：「這跟義和團的刀槍不入、神功護體有什麼不一樣？」賽斯的身心靈觀念不是義和團，我們是從真正究竟的角度看清楚整個運作的過程。

那類改善精神病症的藥物會改進眼前的情況，精神病患吃了藥的確會改善症狀，賽斯沒有睜眼說瞎話。而信念的內在問題仍需解決，不然的話，另外的疾病會取而代之。我是精神科醫師，常看到很多病人的憂鬱症被藥物改正，他們不憂鬱了，但最後變成自殺，因為痛苦沒有出口，只是用抗憂鬱劑讓他們不憂鬱，結果問題不但沒有解決，還失去了表達的途徑。

舉例來說，台灣在政治開放時，很多人會上街頭抗議，那時候有一派理論說：「把這些人統統抓起來。」可是另一派理論說：「就是要讓他們抗議，至少提供一個疏通的管道，才不會暴動。」任何不同的意見都必須給予疏通的管道，不是硬壓下來，否則問題更沒有解決之道。

假設真的用藥改善病情，病人以為治好了，其實沒有。我告訴大家，現在全世界的人類都在尋求表面的治療，全世界的醫學和醫生都在做表面的治療，因為大家都在醫病，但病是醫不好的。要醫人、醫心，病才會好，因為問題不是來自於病，而是來自於痛苦、不快樂的心。

愈依賴外在的治療方法，就愈不信賴自己天生的自我療癒能力

當我們處處被這種信念——某一種藥或食物或醫生將提供答案——所圍繞的話，那我們就很難以自然的方式為自己解決問題。賽斯講的一針見血，道出

了現代人的困境。

現代人類抱持的信念是：「我一定會找到某一種神丹妙藥、某一種食物、某個醫術高明的醫生醫我的病，怎麼能用自然的方式為自己解決問題呢。」所有人都被這樣的思想所圍繞，找不到真正的解決之道。對病人來說，治療很苦，但不治療又要往哪裡去？有些人只是逃離了西方醫學的治療，又落入許多民俗的另類治療。

因此，在大眾都有一個相反概念的情形下，那些試圖容許自己受益於天生治癒能力的人，必須經常「面對自己是不是對的」這個疑問的壓力。有時候學員會被人諷刺說：「你們是義和團，刀槍不入、神功護體，讀賽斯書就不會生病、不會死嗎？」賽斯不是笨蛋，他很清楚這一點。我自己是醫生，可是我也常講，在這個時代，如果大家不開始走這條路，其他的路很難走。有些同學真的陷入這樣的困境，醫也不是，不醫也不是，好像無路可走。我上這些課的目的，就是希望開創不一樣的道路及思維方式，真的為苦難的現代人找出一條比較好走的路，可是在目前其實不容易。

不幸的是，當我們愈依賴外在的方法，就似乎愈必須依賴它們，就愈不信賴自己天生的能力。愈依賴外在的方法，就愈失去自我的能力。我希望逆轉同學這個過程，開始信任神性，信任身體有自我療癒的能力，啟動療癒機制，也信任在自己和周遭人的協助下，解決內在問題。

有些人常常變得對一種藥「敏感」，很多過敏只因為身體明白如果接受了那個藥，對於那特定問題所有的解決方法就會被切斷，或者另一個更嚴重的病會因為對這個難局的「遮掩」而發生，這句話涵義很深。

為什麼很多人會對藥物過敏？因為身體不是笨蛋，身體知道吃了這個藥，病醫好了，卻假裝問題不見了，這就是我們講的鋸箭法，箭在肉裡面，只把箭尾鋸掉，紗布蓋上去，假裝病好了。現在的醫學就是在做鋸箭法，不管內在的問題。為什麼人體會對藥物排斥、敏感？那是因為身體渴望表達，不希望用藥來遮掩內在真正的問題。

因此在我們的社會中，自然的治療很難達到完全的效果，因為自我們出生以後，它就經常被干擾。賽斯講的一點都沒錯，我們從孩提時代起，自然的治療就被剝奪了。還記得我教過大家神奇的藥丸嗎？如果有小小孩的家長，可以跟小孩說：「媽媽跟你玩一個遊戲，你的身體有自我治癒的力量，媽媽給你吃了這顆藥之後，身體就會慢慢好起來。」這顆神奇的藥丸就是「神藥」，因為它所使用的是內在神性的力量，是內在神佛的力量，比外在的神佛更有效。

雖然我們在干擾身體的自然治癒法，自然的治療卻仍在運作，而我們永遠可以指揮自然的治療為現在的肉體帶來健康與活力。這就是我們的願景，希望將來能達到這樣的目標，啟動更多人內在自我療癒的能力。如果現代人不走上開發自己的靈性和神性這條路，會越來越痛苦，更多的天災人禍讓人陷入一個又一個苦難，不是死於癌症就是糖尿病、高血壓，還有SARS在虎視眈眈，甚至是冬天來個颱風，把人捲得七零八落。所以，開啟自己內在的神性面很重要。

第72講

72-1

精神病患的信念系統不同於一般人，導致行為異於常人

（《個人實相》第三〇〇頁第五行）精神「疾病」常常指出一個人信念的本質，以及與別人信念相合或是矛盾的地方，那些精神病人的信念系統與社會的那些信念有如此顯著的不同，以致在行為上表現出與一般人明顯的差異情況。很多精神病患會出現不可思議的怪異行為。

就與許多身體疾病一樣，精神疾病有一些危機點，如果不去管它的話，一個人也可能有辦法獲得其自己的解決。賽斯講得很奧妙，我來一步一步解析。舉例來說，我前天去花蓮玉里醫院的溪口復健園區，跟那邊的護理長相談甚歡，場地很不錯，有山有水，還有很多可愛的精神病患。因為我是精神科醫師，本來就跟他們混在一起，對他們很熟悉。

有一個人聽到幻聽要害他，我說：「你當然會聽到，因為你的信念就是不安全感，覺得別人一定會對你不好，信念創造實相，所以幻聽就是你創造出來的實相，一點也不奇怪。」像正常人也常常相信鄰居對我們不好，只是信念還沒有強到變成幻聽，如果信念再強一點、人際關係再差一點、自己再封閉一點，也會出現幻聽。

我常講，有幻聽沒關係，像天耳通是不是幻聽、天眼通是不是幻視？當然是，但是那個幻聽和幻視不是病，因為他沒有失去意識的自主性。所以，人有幻聽、幻視是正常的，重點是不能失落自我的自主性，要知道自己是誰。賽斯說過，正常人也都有幻聽和幻視的能力，像有些人回到前世居住的地方，有時候腦海會閃現出一些前世的影像，這當然是幻視，但不是病，重點是要能分辨目前是在哪一個現實當中，不要把幻視和幻聽誤認為現實。

我告訴那些精神病患說：「其實你們沒有病，幻視、幻聽、妄想也很正常，你們的不正常是在於把妄想和現實混在一起，你們在創造自己的實相。」我讓他們明白，原來幻聽是來自於不安全感的信念。

賽斯說，精神病患通常很封閉、執著，抱持某個信念到了一個程度，使得這個信念變成妄想和幻聽，進入那個妄想和幻聽後，出不來或不想出來，所以被社會認為是精神病患，就這麼簡單。但他們使用的是象徵的語言，而不是真實的語言。

像我之前在治療一個精神分裂患者，她的妄想是認為自己不是父母親生的，他們只是養父母。父母很緊張，去找醫院出生證明，找長輩、甚至當時的醫生和護士，要說服女兒說：「妳是我們的親生女兒，不是養女。」但是根本沒用，因為精神病患的妄想不是出於證據，而是感覺。她為什麼會認為親生父母是養父母？因為她內心有個信念和執著，覺得父母對她不夠好，事實上父母不見得真的對她不夠好，是她「自己覺得」。

因此，她會立刻邏輯推理：「我感覺你們對我不夠好，有哪一種父母會對自己的孩子不夠好呢？你們一定是我的養父母，不是我的親生父母。」她掉到自己的信念所創造的實相，而她的實相跟父母的實相不一樣。

我說過，其實每個人都是精神病患，因為每個人都活在自己的觀點裡，每個人的觀點都跟其他人不一樣，所以每個人都活在自己的信念建構的世界裡，只不過我們的世界差異度沒那麼大，那些差異度大一點的、跟大家明顯不同的就叫做精神病患。

所謂的偏執狂也是這個意思，為什麼會變成偏執？因為他已經掉在自己的信念裡，透過自己的信念看世界，而信念會創造實相。以這種角度來說，每個人多多少少都是精神病患，只是不明顯，因為我們都活在自己的認知所建構的世界裡。

我後來跟那對父母說：「你們去找出生證明沒有用，因為她的妄想是來自於她的感受，因為她感覺你們對她不好，我們要改變的是互動過程。」女兒的認知跟父母不同，她的認知是來自於她的信念，唯有她願意改變信念，妄想才會改變。

很多妄想症的人是在現實生活受挫，用妄想取代現實

一般人的信念建構實相是懷抱著夢想，人生有夢、築夢踏實。從精神病患身上最能讓我們了解何謂「信念創造實相」，因為他們完全掉在自己的信念所創造的實相，而那個實相跟所有人的實相都不一樣。舉例來說，《天龍八部》裡的慕容復一直想復興大燕國，自己當皇帝，於是招兵買馬要重新建國，這是他的夢想。有一天夢想破滅了，眾叛親離，只剩下自己一個人，從此之後，夢

想變成妄想，他直接變成了大燕國皇帝，可是全世界只有他自己知道，於是他的婢女每天召集很多小孩，發糖果給他們，叫他們說：「吾皇萬歲萬萬歲。」因為他已經從原本的群體實相跳到個人的妄想世界了。

很多妄想症的人是在現實生活遇到挫折，而逃到妄想的世界，直接用妄想的世界取代現實的世界。像我之前也遇過一個妄想症病人，她是高中老師，在職進修念研究所，常常妄想哪個博士或年輕的教授迷戀她，還說對方每次考試、上課都故意經過她面前。她已經活在自己建構的妄想世界，認為每個人都渴望接近她，可是在現實生活中她從沒談過戀愛，內心如此渴望談戀愛、有人愛她，但不敢採取行動，夢想從未實現，後來就直接變成了妄想，因為這個妄想滿足了內心的需求。

如果要治療這類妄想症病人，講道理沒有用，不是去跟她說：「根本就是妳在亂想，人家沒有迷戀妳。」而是要鼓勵她採取行動，只要能在現實當中得到回饋，就不會妄想。

妄想的世界也暗含了所有人類心靈的本質，比如我有很多妄想：所有的同學都慢慢認識自己；以後很多病人不是只能靠開刀、吃藥，可以透過身心靈恢

復健康；將來身心靈思想或賽斯的觀念，能讓很多人了解。這些都可以說是我的幻想，因為尚未實現，但重點是我會去採取行動，這就是為什麼賽斯說行動很重要。很多妄想症病人忽略了行動，只是空想，後來直接用妄想取代現實，因為妄想比現實更美好。

我覺得這時候用藥會很殘忍，因為她正沉浸在愛戀妄想中，卻硬把她逼出來，但是她在現實生活中很孤單寂寞。也有很多人妄想自己是億萬富翁、學富五車、高大英俊，如果硬把妄想戳破，他們可能會去自殺，因為就是面對不了現實才逃到妄想的世界。藥物治療不能解決問題，要引導他們找到靈魂的出口。

人要適應現實，也要改變現實，才能落實心中的理想

每個人內心都有屬於自己的夢想，如果只懷抱著夢想，根本不用來地球，會來到地球的人，就表示已經決定不再只是妄想和夢想，而是要把夢想付諸實現。很多精神病患對我們也有正面的貢獻，因為他們如此執著，不肯放棄自己的夢想，寧願脫離現實，也不願意跟現實妥協。反觀很多所謂的正常人，寧願跟現實妥協，也不願去實現自己的理想，到底是誰有病呢？

我覺得精神病患不會比正常人更有病，講得稍微嚴重一點，那些在現實當中為了求生存的人，不斷放棄夢想、出賣靈魂，真的更聰明、更快樂嗎？其實這些人也要到精神病院，因為他們太現實、適應得太好了，但可能並不快樂。現實和理想本來就是要平衡，人要適應現實，同時也要改變現實，落實心中的理想，這才是健康的人。

為什麼我們這個社會有這麼多精神病患？某種程度也是因為在天秤的另一端，有太多人放棄了自己的夢想去適應現實，我們就是他們，他們就是我們。就像地球有一半的人正在努力減肥，有一半的人沒東西吃，一邊太窮，另一邊就會太有錢，整個地球也在平衡。我常常會用這個東西來啟發自己，引發更多思考，因為人活著就是要學會如何思考。

精神疾病有一些危機點，如果不去管它的話，一個人也可能有辦法獲得其自己的解決。人的心靈跟肉體一樣，也會自我療癒，症狀就是身體自我療癒的過程。例如人為什麼要咳嗽？因為要把髒東西咳出來；為什麼要發燒？要把身體的溫度加高到病毒和細菌不能生存的環境，以提升免疫力。症狀是能量扭曲後的出口，我們不是做症狀治療，而是要了解症狀背後的涵義。

72-2

精神分裂是一個人的主人格和次人格彼此矛盾不相容

賽斯心法有個很重要的觀念，能在臨床上幫助別人。以精神分裂症為例，在《個人實相的本質》裡提到奧古斯都第一和第二，我講過，所謂精神分裂的人格就是形成一個次人格，比如總統府只能有一個發言人，如果出現兩個發言人就會產生問題。一個國家只能有一個總統，一個政府只能有一個執政黨，其他的是在野黨，如果出現兩個執政黨，對外一定會大亂，像是要跟外國簽訂合約，到底是甲政府還是乙政府出面？

每個人都有一個統一的自我意識，那是屬於一個人的執政黨，每次只能有一個。如果一個人格的結構裡產生了次人格，而次人格又跟主人格強烈的衝突，一定會出現問題。就像在野黨本來是要監督和制衡執政黨，如果在野黨每天都跟執政黨唱反調，執政黨必須忙著應付在野黨，兩黨惡鬥之下，倒楣的就是人民。基本上，精神分裂就是一個人的主人格跟次人格彼此矛盾、鬥爭。

施耐德主要症狀（或稱首級症狀，Schneider's first-rank symptoms）是精神分裂者最早的診斷依據，意思是一個人在說話時，裡面有另一個人在搗蛋，或是「思想被插入」，即思考到一半，插入了另一個不是他的思考，於是受到干擾，講話講到一半會突然中斷。還有一個症狀是思想被抽走，他想事情想到一半，腦袋空空，整個想法被抽走；或是思想被監控，覺得有人在監聽他的思想，甚至把他的思想播放出去。這些現象都是來自主人格跟次人格之間的互相制衡，因為兩者不相容。

一般而言，會有一群正常細胞幫我們的身體健康付出努力，例如腸胃細胞、肝臟細胞、大腦細胞、皮膚細胞等，幫忙吸收營養、負責代謝。而所謂的疾病，不管是自體免疫疾病或腫瘤，指的是出現一群病理學、生理學上搗蛋的細胞，不斷複製、長大、轉移，擾亂正常細胞的功能，就像執政黨在施政，在野黨到街頭放火。比如，正常的肝細胞功能是製造蛋白質、膽固醇，合成白蛋白，負責解毒，而肝腫瘤的細胞不但沒有這些功能，還會奪取正常肝細胞的營養，占著茅坑不拉屎，然後複製，形成所謂的癌細胞。

任何疾病和事件的背後，都有一個次人格在發動這個現象

我先講結論：任何疾病的背後，都有一個次人格在發動這個現象，就像任何事件的背後一定有主使者。癌症的形成，背後一定有一個次人格，而且這個次人格一定沒有被主人格接受、消化、整理，他們兩個絕對沒有在談判桌上。

例如只要以色列和巴勒斯坦兩邊開戰，就停止和談，一啟動了和談，就會停止游擊戰，這就是治療關鍵，也就是，如果上了談判桌，街頭抗爭就會停止。像台灣早期的民主政治，剛開始在野黨到街頭抗爭，後來把鬥爭場合搬到議會，如果雙方在議會，就不會去街頭亂，一旦談判破裂，就會回到街頭抗爭。

因此，主人格和次人格之間一直有個非常明確的互動，我要跟大家講的是，如何透過對疾病的認識，去找到背後發動這個疾病的次人格。以紅斑性狼瘡為例，是身體某部分的免疫系統在攻擊自己的腎臟、關節的結締組織、皮下細胞，此時必須找出是哪個次人格、哪個意識、哪股能量，去發動自己的免疫系統攻打自己，又為什麼要發動？

像賽斯書的傳遞者魯柏後來有很嚴重的關節炎，他開始自我探討，找到了那個發動關節炎的自己，那個自己叫「有罪的自己」（sinful self）。首先，魯柏小時候信天主教，很多觀念都在傳達一個有罪的自己；其次，魯柏跟媽媽的關係不好，媽媽經常把身上很多的病痛和人生的不快樂都怪罪到小孩身上，會說：「都是妳不好，害媽媽生病，要不是為了照顧妳，我怎麼會在這裡，是妳拖累了我。」

所以，魯柏在潛意識開始累積一個有罪的自己，覺得：「我不對，我不好。」自認為不值得過好日子，不值得擁有好的健康，那個有罪的自己要去反制平常自以為是的自我意識。

有一次我在跟一個罹患大腸癌的學員做心理治療時說：「我們來找發動你大腸癌的是哪一個自己，為什麼這個次人格要發動大腸癌，讓你的身體變得不健康？因為你的主人格經常告訴自己要獨立，不要依賴別人、不要得到權威的肯定、不要從別人的角度來肯定自己。或許是因為小時候父母吵吵鬧鬧，讓你告訴自己不要跟他們一樣，你想跟其他人有所區隔，想擁有獨立自主的人格。可是內在其實有一個自己好想歸隊，在跟主管、親戚互動時，想跟對方產生情感的連結，想在感受的世界中得到別人的接納，但又怕自己會受傷。」

一部分的他堅決要獨立，另一部分的他想得到情感上的連結，棄械投降，這兩個自己開始惡鬥。讓他得到癌症的那個自己在反制主人格，為什麼？因為他內在有個強烈的次人格，非常渴望得到愛以及情感的連結，高喊著：「我想回歸情感的交流，不要再跟周遭的人對立、區隔了。」可是主人格說：「我們要獨立，絕不屈服。」

主人格要的是堅強、面子、尊嚴，內在的自己要的是情感、連結，可是執政黨不容許，但裡面那個自己已經快活不下去了，所以採取的手法是反制主人格，形成了癌症，要死大家一起死。任何得到癌症的人，裡面一定有一個自己痛苦得活不下去，要去找出那個自己。

我跟那個學員說：「你裡面發動大腸癌的那個自己，就是一個情感豐富的自己，想要歸隊，渴望被接受，想成為長官眼中忠實的部屬，為長官效力，得到疼愛、提攜。但因為沒有處理好，結果跟長官反目成仇，一再受傷，於是執政黨告訴自己，不要當傻瓜了，不要理會長官了，要做自己。」

如果他不去挖掘那個發動疾病的次人格，永遠找不到真正的解答，我說的不只是疾病，還包括事業、財務狀況。例如某甲每次快要賺到錢了，一定會出現某件事，讓他的生意談不成，賺不到錢，要去找到背後發動這個事件的自己，那個自己一定是由次要的信念圍繞而形成的人格結構。

疾病的英文是disease，這個字由dis和ease組成，ease就是easy，代表輕鬆的意思，dis就是相反，疾病讓人不輕鬆，叫做disease。而disable就是讓人不能capable，頭痛就不能想事情、做事情，只好在家休息，肚子痛、感冒也是disable。

我跟這位大腸癌的學員說：「現在大腸癌的細胞還在你的直腸裡，你要跟他說，停止街頭游擊戰，我們回談判桌。只要請這個次人格回談判桌跟主人格談，他就必須停止疾病惡化的進程。」所以生病的人，尤其是癌症，一定要邀請次人格上談判桌，因為當事人從來不跟他談判。

這部分還可以繼續延伸，包括高血壓、糖尿病，到底是哪個次人格發動了這個疾病。不只是疾病，所有的事件、公司的改革背後都是有人發動，每個事件、實相的創造，背後都有一個意識在發動。

72-3

精神病患在內心深處有能力讓自己好起來

（《個人實相》第三〇〇頁第九行）即使就所謂的精神疾病而言，了解身體也很重要，就如個人對自己身體、其與別人的關係及與時空關係的信念，也很重要。到底一個人對身體的信念是什麼？是認為身體很容易生病，還是天生就很健康？一個人自認為跟別人之間的關係，會決定他跟別人怎麼互動，而一個人認為自己與時空的關係，也會決定他的時空觀點。

在這樣的情形下，很多精神病患常常會有化學的不平衡，就像同學常常在報章雜誌上看到，憂鬱症跟血清素有關、精神分裂症跟多巴胺有關，很多的生理和心理疾病都是化學的不平衡。可是賽斯說，這個化學不平衡是被這個人無意識的製造出來，精神病患大腦的化學不平衡，是由自己的無意識製造出來。

有時候是為了使他能造出一連串的「幻覺」，因為大腦不平衡，人才能產生幻覺，要維持這種「客觀的夢」，需要一個與正常清醒意識不同的化學改變，這就是所謂的幻覺。重要的是，不管他採取的是精神或身體的疾病，他的選擇有其理由並且是一個自然的方法，同時這個人知道他在身體或精神上是有辦法加以處理的。

很多精神病患進入幻覺，是因為身體生病才進入幻覺的嗎？不是，其實是因為現實太挫敗了，例如被愛人拋棄，受不了打擊，拒絕接受現實，寧願逃入幻覺。假設有個媽媽的愛子突然車禍身亡，她不願意接受這個現實，受到的刺激太大，就會發瘋，進入幻覺，每天想念兒子，做飯給兒子吃，到了傍晚，把門打開說：「兒子啊！今天工作辛苦嗎？媽媽幫你端一杯茶。」旁邊的人就覺得她瘋了。

這個媽媽為什麼會進入我們所謂的幻覺、妄想狀態？因為她不想承受兒子突然過世的痛苦，所以無意識的創造出大腦的化學不平衡，以便讓她進入幻覺，其實她有沒有在創造自己的實相？有。等到有一天，如果她更深的意識知道再否認也沒有用，自然會醒過來，之後可能大哭一場，回到現實。

如果在連續劇裡面，先生也許會把太太抓到面前，狠狠打她幾個耳光說：

「醒過來啦！兒子死了，不要再做夢了。」這時她才痛哭一場醒過來，過程雖然很戲劇化，但有時候真的是如此。

很多疾病是被自己的無意識創造出來的。我告訴過同學，外在就是內心的一面鏡子，一個人得到精神疾病，是他真的瘋了嗎？不是，是他想要瘋的，但精神醫學界常常倒因為果說：「你看，這個人好不幸，因為他大腦失去平衡，我們趕快給他吃藥，把大腦平衡矯正過來，他就會恢復健康。」這樣完全不對。解鈴還需繫鈴人，我們所做的一切是安撫他、安慰他，讓他面對現實。

我門診有個病人目前大二，在別家醫院被診斷為精神分裂症或躁鬱症。她的姑姑說：「許醫師，我這個姪女的爸媽在三年前離婚，媽媽再婚，又生了小孩，幾個月前爸爸把情人殺死，被控告殺人，入獄服刑。她是大女兒，受不了刺激，整個人抓狂，沒辦法上課，開始吃抗精神病藥物。」

這個個案還有一些症狀，比如她一直妄想有個台大畢業的博士在暗戀她，打算娶她，對方還是董事長。我不跟她囉嗦太多，直接說：「妳爸爸殺了人，關到監獄裡，媽媽另組家庭，但她還是妳媽媽。我知道妳很痛苦難過，而且妳是老大，不知道怎麼面對社會，同學如果問起，妳也不知道該怎麼回答，妳沒有安全感，對未來不抱希望。許醫師了解為什麼會有一個台大畢業的博士、董事長愛慕妳，因為這樣妳才有安全感。」

我不會跟她說這是妄想，只說：「沒關係，雖然媽媽不在身邊，現在還有愛妳的阿嬤和姑姑，好好唸書，唸多少算多少，不要放棄未來，將來等妳功成名就，不必管什麼台大畢業、董事長，還有更好的人在等著妳。」

她說：「還有更好的人？」我說：「對，台大博士、董事長有什麼了不起。妳會很棒，現在趕快把心拉回來。爸爸殺死對方不是妳的錯，爸爸要為自己的生命負責，妳不要因為這件事情覺得自卑，這些都不關妳的事。」

雖然我還是開一點藥物給她，可是真正的治療不在藥。第一、我幫助她面對現實，絕對不逃避；第二、我告訴她，她可以很好，我不會去戳破她的妄想，只說台大畢業的很好、董事長很好，如果把自己的學業好好完成，身心健康，以後還有更好的人等著她，不必怕，把心安頓下來，一切都沒問題。過了一、兩個禮拜，她真的慢慢進步了，因為她需要有人來鼓勵她，要是處理得不好，可能就一直往那條路上走，要花很多時間拉回來。

她為什麼創造出一個台大畢業的博士董事長在愛慕她？因為她渴望被人

愛慕，而且媽媽不在、爸爸入獄，她很擔心沒有未來，此時如果有個愛她的台大畢業董事長，當然就有未來，這也是她自己引發大腦不平衡創造出來的妄想。其實她知道自己的症狀，內心深處也有能力讓自己好起來。

我常跟同學說「我創造我自己的實相」，這句話也可以用來治療精神疾病，像這個女孩說：「真的有一個台大畢業的董事長對我很好。」雖然那是她的妄想，我告訴她：「是啊！妳創造妳自己的實相。」我沒有說她的實相是真是假，只說是她創造的，這句話就是修行的口訣。

疾病只是臨時演員，了解這一點就可以把他打發走

比如，某乙夢見有人在追他，跑得很累很辛苦，突然想起：「我創造我自己的實相。」回頭一看追他的人是由某乙自己的恐懼創造出來的，因為他在白天被債權人追著跑，銀行一天到晚打電話來催繳信用卡，所以晚上才會做惡夢，那個人根本是臨時演員。原來「我創造我自己的實相」也可以運用在夢裡面，不管是做惡夢或是現在的命運很淒慘，這句口訣都可以派上用場，既然是自己創造的，就可以改變。

人生如夢，很多同學夢到自己得癌症，其實那是妄想，信念會不會創造實相？會。妄想自己得癌症的人，真的就創造出癌症，而癌症只不過是個象徵，所以趕快回頭看著癌症說：「喔，我創造我自己的實相。」癌症或身上的病都只是臨時演員，原來都是自己創造的，了解這一點，就可以把他打發走。

請各位同學要醒過來，我常講，雖然大家現在醒著，其實還是在睡，所以要成為覺者，也就是醒過來的人。比如，某丙是老師，在學校被同事排擠，校長不喜歡他，學生也捉弄他，如果他知道：「喔，原來我現在是在一場夢裡，我創造我自己的實相，我要開始改變。」就會醒過來了。

72-4

肉體疾病一定要從心裡的痛苦去化解，透過肉體疼痛學習自我面對

我曾經跟我的哥哥妙參和尚開玩笑說：「你們學佛的人很無聊，因為很少談感受。」有一次有個心理師問我：「你知不知道在佛法的修行裡，有沒有哪一種修行是專門處理情緒的？」我想了一下，好像沒有。人一定要回來觀照自己的情緒。

我提過次人格的觀念，很多得到癌症的人，再怎麼醫都沒用，一定要去找出是內在哪一個次人格，基於某種理由覺得太痛苦而活不下去。人會痛苦到活不下去，有兩種原因：第一種是肉體的疼痛，例如慢性病患的慢性疼痛，或是臨終前的劇烈疼痛，到後來人會了無生趣，想以死解脫；第二種是心靈痛苦的累積，但心靈的痛苦我們不見得感受得到，因為可能壓得很深，不容易面對，不然就是會麻木、否認。

有時候疼痛的目的是讓人尋求解脫，肉體的痛苦感受很具體，痛到後來會覺得不如死掉算了。可是心靈的痛苦不一定感受得到，人會壓抑心靈的痛苦而且合理化，表現出快樂的一面給別人看，甚至會假裝給自己看，覺得自己很好。

肉體疾病一定要從心裡的痛苦去化解，請記住這個大原則，因為心裡的痛苦會變成疾病的根源。人為什麼會罹患癌症？一定是有某個內在的自己，也就是次人格，痛苦得活不下去，要找到內在那個痛到活不下去的自己。有些人也許會說：「我今年錢不夠，痛苦得活不下去了。」「爸媽不認同我，生活當中有許多壓力、折磨。」找到那個次人格後，把他化解掉，癌症一定會好，因為身體是心靈的一面鏡子。

我們常常透過肉體的過程在學習自我面對，關於所謂的次人格有很多涵義，例如，壓抑的痛苦、沒有面對的生命恐懼、無力感、渴望依賴的自己等，這些都是我們內心必須一步一步自我面對的部分。我希望大家學習向內自我面對，更深入剖析，找到內在的力量，一旦慢慢找到了，就會解脫掉很多煩惱、痛苦，回到賽斯心法的究竟：生命的本質是喜悅的，存在的本質是喜悅的，我們是來喜悅的生活、輪迴、創造。請記得這些本質，如果忘記了，就會落入痛苦的生死輪迴和人生的煩惱。

72-5

我們遭遇的內在問題永遠是建設性的，可以導向更大成就的挑戰

（《個人實相》第三〇〇頁最後一行）人格的差異對於一個人採取哪一種病，到底是得到糖尿病、高血壓、癌症，哪個地方發炎，還是精神病、失眠、焦慮、恐慌症，或者在自己這個活生生的雕像上所造成的損傷，跟他的人格都有很大的關係。賽斯把身體比喻成心靈活生生的雕像，身體是靈魂的戲服，真的就是如此，演完人生的戲，就要把戲服留下來，看是要埋起來還是燒掉。

且說，我們遭遇的內在問題永遠是建設性的——把我們導向更大成就的挑戰。人生就是永遠不斷的學習，我們遭遇到的人生危機、身體危機，統統都是轉機，這些挑戰是為了要把我們導向更大的成就感。痛苦是戲劇效果，快樂也是，要痛苦還是快樂，全由自己挑選。從賽斯的觀點來說，這個世界沒有不好的事，所有發生的一切都是學習和挑戰。

例如，由罪惡感引起的一個問題，在肉體上被具體表現成一種疾病，其用意在於引我們去面對並且克服罪惡的意念——那個在我們意識心裡對罪惡感持有的信念。所有的肉體疾病都是為了讓心靈成長，而且是自我認識。肉體疾病是別人害、上帝造成的還是業障嗎？都不是。不是業障，是「因果」，但我這裡不是指外面的因果，而是我們「心裡的因造出來的果」。

我跟一個紅斑性狼瘡病人說：「妳吃藥沒有用，找醫生也沒有用，醫生只不過是幫妳縫一下戲服，不會真的把病治好。妳得到紅斑性狼瘡是因為妳一直責備自己是不好的媳婦，懷著很大的罪惡感，當不當好媳婦無所謂，先把罪惡感拿掉，妳不會因為有了罪惡感而變成更好的媳婦吧！」

有罪惡感的人會做得更好嗎？不一定，有的人一方面不想去上班，一方面有很大的罪惡感，結果上班並沒有上得更好，所以罪惡感只有一小段時間管用，久了就沒有用。例如某甲會基於愧疚而暫時對某乙好一點，但久了還是會惡言相向，因此，要出於喜悅才會持久，出於罪惡感則不會。

我跟她說：「妳的紅斑性狼瘡是要引導妳回去面對罪惡感的概念。」很多得癌症的人也是，他們其實是判了自己死刑，認為自己做得不夠好，沒有資格或沒有臉活著，癌症是要引導他們去面對自己的信念，面對那些阻礙了靈魂成長的信念，一定要徹底打破覺得自己不夠好、沒有資格活著的信念，一旦打破了，癌症立刻會好，就像嘴唇畫了唇膏，從鏡中馬上可以照出來一樣。

任何疾病都是要當事人回去面對內在，借外觀內，學習成長，因為讓他生病的不是癌症，是內在自我批判的罪惡感，那才是真正要面對的。

一個人對年齡的信念將影響身體和它所有的能力

身體本身永遠在一種變動的狀態，我們認為身體好像到達某個高峰，而後開始衰退或是變得比較差。有些人說身體在三十歲達到高峰，後來會逐漸衰退，這完全是錯誤的信念。如果這樣子想，那是因為我們並不了解身體是我們的存在透過在肉體的一種表現。

肉體是一件神奇的衣服，可是我們的信念常常會影響它。目前主流的觀念跟我們現在學的東西非常不一樣，板塊一定會碰撞，主流的觀念一定要地震，如果人類再不改變，就沒有出路。

像現在面臨人口問題，政策是鼓勵年輕人趕快生小孩，不然以後一個年輕人要養六個老人，這叫做飲鴆止渴，鴆是一種毒酒，不喝會渴死，喝了又被毒死，這種做法沒有用。如果地球人口繼續增加，不是發生大災難，就是發生戰爭，因為地球負荷不了這麼多人口。

但是不生小孩的話，以後老人要誰照顧？自己照顧。沒有接觸賽斯思想的老人能自我照顧嗎？不容易。賽斯思想是要讓人活得老、健康快樂又有創造力，而現在社會的信念是：「老了會沒有用，要靠人照顧，身體會退化，需要醫院幫助，被當成人球踢來踢去。」兩種信念實在是南轅北轍，這個世界的文明一定要從根本改變，才會有出路。

繼續往下看，就會知道這樣的轉變有多大。我們存在的表現反映出大地和肉體的季節，然而身體以一個非常忠實的情況來反映我們所認為的自己。身體是一件神奇的衣服，如果一個人認為年紀越大身體會越不健康，那麼肉體就真的越不健康，因為身體忠實地反應出我們所認為的自己。

在老年時，它也是做同樣的事，而顯示在當時肉體中的我們，這包括我們進入身體和離開身體的時候，在此我們可以看到很大的差異性。當然，為了許多不同的理由，許多人停止創造他們的身體，年紀輕輕就死了。這句話很有趣，為什麼很多人年紀輕輕就死了？因為他們在很年輕的時候，停止創造身體，不打算繼續活下去。為什麼青少年容易自殺？因為他們不喜歡成人世界顯現的模樣，主要原因不是身體的問題，而是靈魂的問題。

但是有一些人早死是因為相信老年是可恥的，而只有年輕的身體才是美的。《花花公子》雜誌（*PLAYBOY*）會放五十歲以上女人的照片嗎？會有人認為老年人的身體是美的嗎？很少。但我還是要說，信念創造實相，人是來體驗自己的創造力，相信什麼，就創造什麼。現在這個時代的觀念，都把大家引導到一個比較沒有未來的思想裡，而賽斯思想要把大家引領到截然不同的觀點。

因此，一個人對於年齡的信念將影響身體和它所有的能力。如在此書先前提及的，他可能變得重聽，變得衰老、得高血壓、老年痴呆，因為他堅決相信這必隨著年紀而來，尤其醫生最相信。經過他一生各個不同的時期，他相信身體的活動力必隨著年齡的增加而降低，依據這個信念，他就會因此改變身體的化學組成。

賽斯一直講，這是不必然的。每個人依據自己的信念，可以活得又老、又健康、又有創造力，跟有沒有吃保健食品無關。我們現在都太迷信物質，可是物質無法改變信念，信念才可以改變物質。

隨著信念的變化，我們的元素、化學物、細胞、原子與分子都會變化，吃什麼沒那麼重要，指揮我們吃什麼的是我們有意識的信念。有意識的信念指揮身上的原子與分子，如果信念沒有改變，縱使每天吃保健食品，用處也不大。

透過有意識的信念，會啟動了給予我們身體「生命」的所有偉大創造力，並且保證身體經常地反映出我們所認為的自己。身體就是戲服，反映出我們的心態。有些人體弱多病，容易感冒、拉肚子，一下子生這個病，一下子生那個病，我要請他們借外觀內，找出自己對身體健康的心態。一旦開始去找，從今天起，就可以完全改變過去的健康情況。唯一要做的是：改變有意識的信念。

我再強調一次，只要有意識的信念一改變，身體立刻反應，重點不在於吃了什麼，而在於有意識的信念將指揮全身細胞的代謝作用。每個人都是創造者，要開始借外觀內，身體是自己的一面鏡子，看著鏡子，了解自己。身體也是我們在這個世界最好的修行工具和最忠實的靈魂伴侶，越喜歡自己的身體，它就表現得越好、越健康。

第73講

73-1

除非我們知道自己的信念，否則不會了解我們的情緒

（《個人實相》第三〇六頁第二行）第十一章的題目是：〈意識心是信念的載體。與健康和滿足有關的信念〉。我們個人信念的本質與我們在任何時候會有哪種情緒有很大的關係。如果想了解自己為什麼會憤怒、沮喪、難過，就要找出信念。許多人花了一輩子搞不定自己的脾氣、情緒，不明白自己的脾氣為什麼不好，或時不時就掉入了憂鬱和沮喪，賽斯在第十一章要讓大家澈底明白，而且開始覺察情緒到底是怎麼來的。

我們之所以會感覺自己富攻擊性、快樂、絕望或意志堅定，是按照那些發生在我們身上的事，和我們相信那些事與我們的關係，以及我們自認為是誰或是什麼而造成的。意思是情緒會受外界影響，聽到人家說自己的壞話，會很生氣；受人稱讚、連續兩年的考績都是甲等，會很高興；連續三年的考績都是乙

等或發現另一半有外遇，當然很抓狂。

可是一個人的情緒完全是由外境影響嗎？不一定。我常講，賽斯家族要開始覺察：自己的情緒是否仍由外境所決定。例如，為什麼我的情緒完全由太太、是否交男朋友、賺多少錢而決定？為什麼我的情緒完全是由外界對我的觀點、評論或看法而決定？

容許自己的心情完全由外界決定的人，還沒有進入賽斯心法。賽斯家族要先對自己發出這項宣言：「我不能讓我的情緒完全由外界的人事物所決定。」雖然不可能做到完全不受外界人事物的影響，但也絕對不能任由別人決定自己的心情。此外，每件事的發生會涉及不同的人，我們與這些人之間的關係也會決定我們的情緒，比如，被父母罵可能會比較難過，被路人甲罵，一下子就拋諸腦後。

除非我們知道自己的信念，否則不會了解我們的情緒。除非開始了解自己的思考模式、信念，否則不會明白情緒由何而來。而我們似乎毫無道理地覺得自己有攻擊性或不愉快，或如果我們沒有學會傾聽自己意識心內的信念，我們的情緒，也似會毫無原因沒頭沒腦地爆發出來，這就是現代人的悲哀。

我們經常對自己的情緒爆發毫無頭緒，於是就把情緒當作是別人的，這樣不對，要開始去明白情緒從來都不是莫名其妙的爆發，因為信念會發動其自己的情緒。有些人會說情緒像條瘋狗，但瘋狗是有主人的，要找出主人，主人就是我們的心和這些情緒背後的信念。

沮喪通常來自於覺得自己無能為力

例如，沮喪最通常及最大的原因，沮喪包含了情緒不好、憂鬱、無力感，賽斯說，如果經常覺得沮喪、憂鬱、不開心，其背後最常見的信念是什麼？就是不論面對硬推在我們身上的外在環境，或者是面對從內而來的壓倒性強烈情緒，都相信意識心是無能的，所有的沮喪和無力感都來自於相信自己無能為力。

我舉個例子，真的很神奇，有個學員三年前被診斷為兩眼視網膜血管癌，剛開始去大醫院治療，吃類固醇，到後來吃免疫抑制劑，治了兩年多，醫生說：「妳要有心理準備當盲胞。」因為她的兩眼視力矯正後是○．○一。這個學員自稱在吃類固醇和免疫抑制劑之前，長得像林志玲，那時候她來我們的基金會，對於即將成為盲胞感到很恐慌，希望把賽斯書、許醫師的書錄成盲胞點字本或有聲書，也去了盲人協會。

後來參加身心症團療，快一年走下來，那天我見到她，她竟然說：「許醫師，我的視力慢慢恢復了。」她好高興，因為她原本以為這輩子要瞎了，這個病莫名其妙的來，也好得莫名其妙，她很用心聽有聲書和接觸這些賽斯思想。我之前跟她說：「妳總不能在家等著變盲胞。」於是她去教兒童美語，一開始有點困難，結果越來越順利，慢慢建立自己的成就感，也找到自己無力感的地方。

這個世界大多數人最大的問題及痛苦，都跟無力感有關，而無力感是來自於「我相信我是無能為力的」這個核心信念，對於發生在身上的事情覺得無能為力，這是由外而內。賽斯心法首先要破除這個執著的信念，這叫做「限制性信念」。

相信發生在身上的事情，例如得到憂鬱症、躁鬱症、高血壓等，自己無能為力，這就是最大的妄念。賽斯家族的第一個信念是：「我不是無能為力的，我可以創造自己的實相。」這句話就是通關密語，可以讓自己跟內在的愛、智慧、慈悲、創造力和神通的能量連結。

一般人在腦袋當中常告訴自己：「面對我的懶惰，我無能為力。」「我早上起不了床、抗拒不了網路的誘惑，我無能為力。」「我對我的卵巢癌、對老闆、老公、那隻狐狸精、小孩的白目、同事要陷害我、日漸老化，無能為力。」現代人在這麼多無能為力之下，會得到憂鬱症一點也不令人意外。

我甚至覺得，面對天氣我們也不是無能為力。現在整個北半球下大雪，那是因為我們集體釋放出去的內在負面能量，人們只看到暴風雪來臨，卻忘記了暴風雪之前，是我們放出去的情緒能量導致其後的天氣變化。

像有位同學就很清楚自己為什麼會得卵巢癌，因為她記起了得卵巢癌之前，她放出去的能量是無能為力：「我不想活了，打算下輩子投胎當男人，當男人不用那麼辛苦，不用生小孩、不用當家庭主婦，可以像先生一樣出去亂交女朋友。」她多麼想當男人啊！

要是去聽現代人聊天的內容，三句話裡面一定有一句無能為力，「我的孩子就是不唸書、不專心，打也沒用，跟老師說也沒用」，這就是無能為力，所以有憂鬱取向的人怎麼會不多？

「我是無能為力的，我沒辦法，我做不到」，這就是所有人最根深蒂固的負面核心信念，可是賽斯心法開宗明義就說，這是最大的妄念和執著，因為「我創造我自己的實相」。

73-2

凡所有現象界的東西，總有一天會變化、消失

這次回南部過年，我有兩個比較深的感觸，第一是那些親戚老得很快，第二是親戚之間談的話題好像都跟錢有關，例如誰家的兒子在哪裡上班、在哪邊買了房子、收入多少、年終獎金多少？

有個親戚的大兒子一輩子在鄉下種田，兩年前我回南部，他跑來問我：「你現在一個月賺多少錢？」北部大概不會有人問這種問題。他其實沒有惡意，我愣在那邊，不知道怎麼回答，我大姐在旁邊非常有技巧地回答：「還夠吃飯啦！」我問爸爸，他說可能鄉下人比較自卑，窮久了，評論一個人成功的價值觀就變成：「有沒有在北部買房子、一份好的職業、月收入、年收入是多少。」

剛開始我心裡有個奇怪的落差，在北部比較不會去問誰賺多少錢，或是以薪水高低來評論身分和價值地位。後來我在想，北部不是沒有，只是經過掩飾，包裝得比較好，南部的親戚朋友比較直接。

我平常不太想這類事情，所以當我很認真去看待這個現象時，有點嚇一跳，原來這個世界在衡量一個人的成就和生命的成功，竟然一直是以賺多少錢為標準，而且這種價值觀決定了一個人回到家鄉時，在父母和親戚面前有沒有面子。

比如，我們客家人一年祭祖五次，每次兩、三百人，首先就是看誰開什麼車子來，以前我大概也知道有這種價值觀，可是感受沒有那麼切身，後來看到很多人世的滄桑，想到姑姑年紀大了，可能不久後一個一個要往生，我特別感受到人的脆弱、不快樂。在我們集體追求的那種價值觀和我們的心靈，竟然有這麼大的落差。一個人追求了所有這些物質，等到往生那一天帶得走嗎？一輩子在比較誰賺多少錢、誰的成就高，那是內心的真實嗎？

我開始思考，因為肉眼和物質感官是讓我們看到的現象界，一個人二十歲、六十歲、八十歲是不是現象？是。多少人過去叱吒風雲，如今何在？生命到底在追求些什麼？

所有人都太受現象界迷惑，現象界是指今年二十歲還是八十歲、一個月是賺兩萬還是二十萬、會不會在親戚面前沒面子、讓父母擔心，也是指親朋好友往生，到另一個世界去，看不到他們了。我們在人世間就是會經歷這些悲歡離合，大多數的人都用物質成就來顯現一個人社會地位的高低。

像我媽媽很有趣，昨天請幾位姑姑吃飯，她跟我說：「我告訴你，那個姑姑的小孩現在很成功，一個月都賺多少錢，你不要跟別人說。」我才發現原來我們衡量下一代都是用這個標準在看。可是說實話，這些現象界的東西多脆弱啊！一轉眼就有人得到癌症走掉了，人的生命又是多麼脆弱啊！

在座的每個人二十年後、三十年後、四十年後在哪裡？今年五十歲，三十年後就八十歲了，年齡能持久嗎？凡是所有現象界的東西，總有一天一定會變化、消失。

每個人的內在有一個本體的自己超越時間和生死

我覺得很開心的是，我們現在學習的是本體，不是現象界的東西。比如，我們的父母、親人有一天會死掉，在想像他們一個個離開時，這些現象界讓我們覺得很悲哀、痛苦、傷心、難過，像親人生病也都是現象界的東西。

不論有錢沒錢，現象一定會變化、消失。我不是要大家否認現象界，而是一定要進入本體的角度，本體就是：縱使所愛的人往生了，他們依然存在。縱使我們今天二十歲、六十歲、八十歲，可是有一個自己不受到時間的限制，從來無懼時間的流逝和生死。

誰不怕死，在我的門診裡有多少恐慌症患者，有多少癌友在面對死亡的威脅，但我們正在學的就是回到本體，超越所有的現象界。孩子現在一個月賺多少錢、有沒有工作、女兒現在有沒有離婚，這都是現象界，現象一定有起有落。現象界的自己會恐懼生老病死，而有一個本體的自己超越了時間、生死，縱使哪一天父母不在了，或我們自己在面臨死亡時，要很篤定內在有一個自己從來不受死亡的威脅，而且內在的這個部分很清楚，縱使是往生的親友都沒有離開我們。

任何人類都能經得起這麼多的生老病死，賽斯說過：「你看我多老了，壽命幾千億年都不知道了，也不知道已經死過幾千、幾萬次，輪迴過幾世，可是我依然活力十足。」我們在學習的就是這個東西。年齡、老化、事業成敗、所愛的人離開、孤單寂寞，都是現象界。這個世界大多數的人只是追求現象界，例如要多富有、要賺多少錢、要買什麼，因為那些似乎是他們唯一能掌握的東西。

那些東西不是不好，而是它們屬於現象界，凡是現象終會變動、消失。一旦進入真正的核心，就是在追求本體，那是一種心靈的感受，超越了成敗、生死，我相信未來這個世界大多數的人會發現，原來人們要追求的是這個。

73-3

正面思考有時會將負面思想推到更深，反而帶來更多壞處

（《個人實相》第三〇六頁倒數第七行）心理學、宗教、科學——所有這些藉由剝奪意識心指揮的能力，並將意識心視為自己的繼子，也全都多多少少增加了我們的困惑。賽斯在講結構性的問題，我們從小到大接觸的心理學、科學和宗教，都在加強無力感。

例如醫生說：「你們家有高血壓、糖尿病的遺傳，你自己要注意一點。」聽到這句話的人感覺是什麼？已經中鏢了，這個鏢在他出生之前就已經注定，如果他問醫生：「我多運動對健康有幫助嗎？可以預防嗎？」醫生會說：「有幫助，但是沒有這種科學統計。」我們一輩子所學的東西，很多內在的部分都在加強人的無力感。

「正面思考」的學派試著彌補這情形，以前很流行正面思考（positive

thinking），但帶來的卻是更多的壞處而非好處，為什麼？因為他們企圖將一些信念強加於我們身上。鼓勵正面思考更無法幫助我們挖出內在的負面信念，反而把情形推到更深。

之前賽斯村有個學員得到乳癌，另一個學員是憂鬱症，後來我們找出兩個人的差別在哪裡。憂鬱症的同學知道自己生氣，但生氣的對象是主管，想對主管吐槽卻不能去做，因為姐妹都在同一家公司。乳癌的同學是老師，覺得雖然對方羞辱她，讓她這麼憤怒，但她覺得自己不應該憤怒，告訴自己：「不要跟對方計較。」她不接受自己的憤怒情緒，壓抑下去，這叫合理化，所以得到的是癌症。由此可知，情緒的合理化更可怕，連自己都不承認負面的情緒，很多的修行倡導這一套，是不對的。

許多這種哲學使一個人怯於去想那些負面思想或情緒，很多這類的哲學，讓人覺得不敢、不應該去想負面的思想和情緒。在所有這些情況裡，一個人情感的經驗及行為的線索就在他的信念系統中：在其中有一些較另一些顯明，但每個人都可以有意識地得到。如果一個人相信自己沒什麼優點，充滿了自卑和罪惡感，那他可能按照個人背景及接受這些信念的心理背景，而以幾種不同方式去反應。

賽斯在講一個人的成長過程，如果沒有得到父母足夠的稱讚，或是被霸凌，也不是品學兼優的孩子，從小就相信自己沒什麼優點，充滿了自卑和罪惡感，什麼都比不上別人，就會把負面信念收進來。因此家庭治療很重要，成長背景會跟我們的信念息息相關。從小沒有得到父母稱讚、鼓勵、接納的孩子，長大後很容易落入沮喪，因為這都是背景。

比如說，一個人也許非常害怕攻擊性的情緒。我講過，要承認且接受自己有攻擊性的念頭、攻擊性的情緒，因為攻擊性是建立在生命的本質，沒有攻擊性，生命就不存在，呼吸也是一種攻擊性。這裡講的攻擊性是「aggressive」，不是「attack」，去攻擊傷害別人。

比如說，一個人也許非常害怕攻擊性的情緒，因為別人好像強得令他不敢有報復的念頭，或如果他相信這種攻擊性的想法全部都是錯的，就會去壓抑它們，而更加重了罪惡感——那將引起內在更多的攻擊性，而更加深個人的無價值感。

把攻擊性壓抑下去，就會形成次人格。如果去訪問連續殺人犯的鄰居，都會說：「那個孩子話不多，很內向，彬彬有禮，從來不肯談他的內心。」平常脾氣很溫和，可是哪一天、哪一點被踩到了，突然暴跳如雷，因為壓抑下去的次人格會帶著強大的攻擊性扭曲能量。

我有個個案是別人口中的「黃后」，一天到晚講黃色笑話，很不正經。可是後來我幫她做個別心理治療，發現她的性觀念保守得可憐，壓抑了某一部分的自己，展現了另一部分的自己。我們常講一句俗諺：「會叫的狗不會咬人，會咬人的狗不會叫。」就是因為不敢靠近才要叫，既然都可以直接咬人了，為什麼要大小聲？這很有趣。

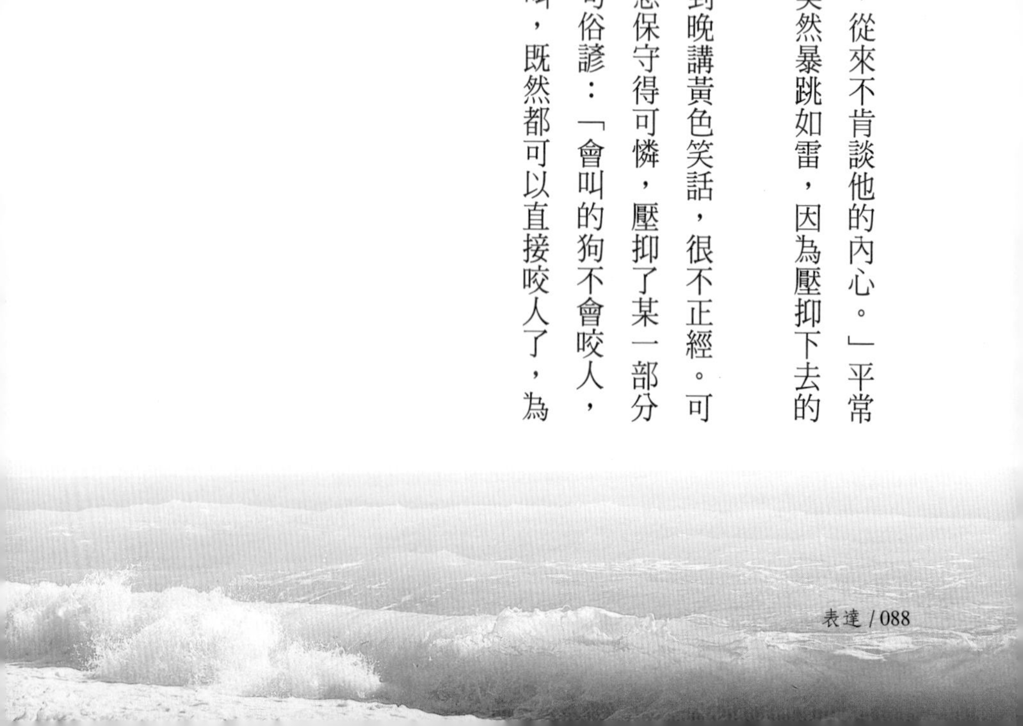

73-4

找出潛意識的負面核心信念，是一生一世的修行功課

在賽斯心法的修煉當中，同學常問：「要如何才能找到核心信念？尤其是負面的核心信念。」我講過幾個方法：第一、借外觀內。婚姻不好的人，對於婚姻就有一個不好的信念；健康不好的人，關於健康就有一個不好的信念；財務很差的人，關於金錢就有一個負向的信念。第二、跟著情緒走。比如，痛苦到了極點，突然覺得：「我為什麼要這麼痛苦？我之所以這麼痛苦，就是因為在意那個混蛋講的每句話，我為什麼要在意他的話？他說的只代表他的意見，又不代表我。為什麼要因為他散播我的不實謠言，就這麼火大？為什麼要因為他的行為讓自己氣成這個樣子？」想開了，到後來就會發現不想再氣下去，決定要自己來界定自己，不因別人的評論而決定自己的情緒。只要跟著情緒，尤其是越有能量的情緒，就越容易找到核心信念。

第三、時時覺察、檢驗思維。看自己經常在想什麼、擔心什麼、做什麼白日夢？思維的背後都是信念的線索。第四、在《個人實相的本質》第三十八頁，人類可能會產生的九大負面核心信念，賽斯都列出來了。所有造成生命痛苦、病痛、不開心，就在這九大負面核心信念當中，尤其是排名第一的信念，「人生是苦」，生而為人有無盡的責任和壓力、要求和期望，怎麼做都做不好。其他包括「身體是次級品」、「面對我無法控制的情況，我是無助的」，對這些負面的核心信念，一定要追根究底。

如果不追出潛意識的負面核心信念，就會不斷地被左右，會生病或覺得自己沒價值，所以一定要澈底改變。在修行過程中，要去落實，不要回到過去的慣性。有的人不一定那麼清楚「人生是苦」這個信念，但他可能會說：「哎呀！工作真難找，跟主管怎麼樣都處不好。」「做人真難，不管我多麼認真想當好媳婦，他們都不喜歡我。」這些都是「人生是苦」的信念衍生出來的。

關於負面的核心信念，其實是一生一世不斷修煉的過程，絕不是一天、兩天的功課。一旦意識心有了負面的核心信念，就會根據這些信念開始建構實相，也建構了所有的現象界。現象界都是流動的，會跟著心態、信念、情緒演變出來，唯有找回自己的心，才可以改變現象界。

73-5

要容許攻擊性的情緒自然展現，才不會生病

（《個人實相》第三〇七頁第四行）如果一個人害怕自己內在的攻擊性思想，就會去壓抑它。在此狀態下，如果看到一本書教他去深思「善」，且要把思想立即轉向為愛和光，那他就是在自找麻煩。有些修行一天到晚講光、講愛，太膚淺，沒有力量，進不了心靈深處，沒有面對人性內在的深刻之處。所以我說：「無法成魔的人，也無法成佛。沒有成魔的勇氣，哪來成佛的勇氣？」成佛有那麼容易嗎？偽善成不了佛，要去面對和穿越所有人性內在的負面、黑暗、難堪、懦弱、膽小。那種要人把思想立刻轉成愛和光，是在自找麻煩，因為沒有面對內在所有的次人格，心靈會天下大亂。

這種作法只會使一個人對自己的自然情緒更為害怕。自然情緒就是想偷懶，累了想休息，會恐懼、脆弱、不知道怎麼辦，或是受到攻擊、被侵犯，會

立刻產生憤怒行為。例如太太回家後，發現有個女人在客廳跟先生約會，手牽著手，這時候還要善嗎？不行，要跟對方說：「給我滾出去。要跟我老公約會，起碼也在外面。」不要拿出偽善，否定了自然情緒。

生而為人，就有人的自然情緒。假設我在開車，有個人很粗魯的切換車道到我前面，害我緊急煞車，差一點撞到，不要馬上說：「神祝福你。我不需要跟這種人計較，惡人自有惡人磨。」這樣就否定了自然情緒。我要先說：「想害死我嗎？這樣突然切到前面，害我差一點撞上你。」先承認自然情緒，罵一罵，不要否定，但也不需要去傷害對方。如果用修行來壓抑自己，一定會自找麻煩。

一個人不會比以前更了解自己為什麼會有這樣的情緒，只是把它們隱藏得更好一些罷了，到時候連一些攻擊性的情緒都覺察不到。所以很多人，尤其是生病的人，常常都是在感覺比較好之後，突然診斷出癌症，因為情緒壓下去了。

有位個案最近診斷出肝腫瘤，之前先生股票虧了一、兩千萬，把她的房子賣掉，她現在租房子，覺得很憤怒，這陣子把欠債還完，突然診斷出肝癌。原因是她開始覺得自己不能再恨先生，當決定不再恨了，不久後就診斷出肝癌，因為恨跑到哪裡去了？被壓下去了，變成自恨：「我恨我自己總可以吧？」

內在的負面情緒一定要處理，不要說「我不怪他，我原諒他」，就結束了。不要急著寬恕、急著說不恨，那是在自找麻煩，情緒有自然的歷程，要經過許多年，如果轉太快，就沒有容許情緒自然展現。

如果沒有準備好的話，在這種情形下，或許就會生病，因為只是把負面情緒壓下去。比如某丙是位女法官，有個男人騙了她的感情、金錢、青春後，跟別的女人遠走高飛，她突然聽到一位大師開示，於是說：「好，我原諒他了。」才剛原諒十分鐘，回到家又受不了，後來對每個外遇案件的先生都判重刑，她真的原諒了嗎？沒有。

我奉勸大家不要太輕易的原諒，很多時候頭腦以為自己放下了，不再計較、不再怨恨、不那麼恐懼，可是心裡從來沒有真的走過。要很誠實地面對自己，這是很深的內在過程，必須好好再面對一次，因為很多疾病就是這樣來的。

73-6

越文明的人越會說漂亮的表面話，失落了單純的特質

這次到賽斯村，有四位馬來西亞的同學，其中三位來自麻坡，那個小鎮沒有多少華人，可是我之前去演講那天，來了三、四百位觀眾，而且是開車帶箱子來買書和有聲書。跟我們相比，馬來西亞的同學比較單純。其實越文明、越都市化的地方，越失落了這個最珍貴的特質，人變得不單純，越來越言不由衷，只會說漂亮的表面話，不是發自內心真實的感受。

現在的小孩到了三年級之後，已經社會化了，不再天真。賽斯講過，在修行的領域裡，起碼要對自己誠實，回到單純的自己，必須知道內心真正的感受，因為很多人越長大越複雜，到後來已經不知道自己是誰，只會講一些社交用語和得體的話。

例如有些人會分得很清楚，就算跟朋友認識很久，也不會吐露心聲，只跟自己最親近的家人說實話。有時候我們的心被層層包圍，人跟人在玩遊戲，跟對方講完一番話，卻不知道他真正的意思是什麼，也不知道他究竟是要還是不要，這樣子很累，人真的讓自己越活越辛苦。

我之前說過，有人問耶穌：「誰能夠上天堂？」祂說：「像小孩子一樣純真的人。」後來我跟學員說，不是像小孩子一樣純真的人可以上天堂，而是這些人本來就沒有離開過天堂。在賽斯心法裡，有個非常奧妙和不可思議的部分，可以讓大家活在人間天堂，但不是藉由收入增加、微整形、結婚或離婚，而是某種狀態的改變，也就是一旦回到了單純、受恩寵的那顆心，當下會感覺活在人間天堂。也就是說，周遭一切的客觀現象都沒有改變，改變的是主觀的心。

改變信念系統，就會感受到不一樣的身體和世界

我最近一直在說：「觀察者的心決定了被觀察的現象。」用不同的心看到的是不同的人間，我說的不只是象徵及感受上的不同，而是連看到的色彩、深度、質地都真的不同。整個物質世界會顯出靈性面，這個靈性面是我們過去從沒看過的，因為我們沒有用自己的靈性面去看它。

光有波粒二重性，光是光波，也是光子，用光波的角度看光，會發現它是屬於光波，用光子的角度去研究光，會發現它是光子，究竟光是光波還是光子？端視我們怎麼看。我告訴大家，我們現在的確就在人間天堂，但是從來沒有真的看到過，因為我們的眼睛還沒開，尚未找對那顆心。

過去共同的信念導致很多人活得很辛苦，覺得人生很艱辛，要跟現實世界搏鬥，這些觀念不見得有必要。當我說要開始感受人間天堂時，所有過去外在的現實可能都沒有變，只是覺察看待這個現實的心變了，而回應給我們的這個現實，已經不是過去的現實，是一個我們隨時可以雕塑、改變、創造的實相。

那是一個非常重要的跳躍，也是整個信念系統的改變，到那時候，大家會覺得很奇怪，為什麼看到的世界跟過去一輩子感受到的世界完全不一樣，怎麼世界變了？其實世界沒有變，是心變了，而且不只是一種心態的改變，連感知、知覺都會改變，會看到一個前所未有的世界，就是所謂的人間天堂。

同學到這裡上課，本來就是來感受那個人間天堂，這裡最重要的功課是信念的轉變，尤其是生病的學員一定要改變信念系統，調整對身體的看法，從身體是肉體、生理、機械、脆弱、容易生病的信念，轉變成「當下我要全心全意把身體當作宇宙和神佛的能量及智慧的流動」。

一定要用新的信念來建構新的知覺，用「我在知覺我的身體」的角度知覺著它，那麼身體會因為不同的知覺方式，彷彿換了一個身體，因為光是「知覺」這個動作，就改變了被知覺者所知覺的現象。以不同的角度看身體，就會改變我們以為的身體，看物質實相的角度變了，就會看到一個全然不同的物質實相，可以體會何謂「我創造我自己的實相」。如果還沒有完全相信這句話，就看不到那個實相，而且會有很多的痛苦，心存懷疑：「有可能嗎？明明不是這樣啊！」全都是因為信念還沒有轉化。

73-7

心靈成長的第一步是真實的自我剖析、自我面對

（《個人實相》第三〇七頁第八行）在這種情形下，一個人愈想要做個「善」人，有修養的人、有修行的好人，在自己心裡，就變得愈自卑，因為他內心的某一個自己知道並非如此。他可以問自己以下問題：對自己、日常生活、身體以及自己與別人的關係認為如何？把答案寫下來或錄在錄音機裡面，不論怎麼做，總之以某種方式把它們客觀化。

這裡賽斯在教大家方法，拿出紙筆寫下「我心目中的自己」，也就是，我怎麼看自己、我內心覺得自己是什麼樣的人、對自己的真實看法是什麼。我很真實的面對過自己、滿意現在的生活和工作嗎？對目前的日常生活有什麼看法？覺得自己成功還是失敗、覺得自己的身體如何？

比如，一個癌症病人去看醫生，醫生嘴巴說：「放心，你會好。」但是醫生相信自己說的話嗎？或只是在安慰病人？假設某甲探望病人時說：「你很快會好起來，癌症不是絕症。」可是他自己得到癌症時，會這樣對自己說嗎？不見得，顯然他是在安慰人。

如果我跟一個人說：「縱使你現在是末期癌症，病得這麼重，根據信念創造實相，你相信自己會好，就會一天一天慢慢好起來。」我是在安慰他嗎？不是。常有人問我：「到底賽斯心法在學什麼？是自我欺騙、灌迷湯，還是像義和團刀槍不入，打著旗桿兒給自己壯膽，說高血壓會好、糖尿病會好。」對於只知其外不知其內的人，就是義和團，帶著無力感和不敢面對，然而對於懂得操作法門的人，叫做信念創造實相。

之前門診有位五十一歲的女性，她的外遇對象才三十歲，可是她騙他說自己四十歲，因為她看起來真的像四十歲。剛才講到兩個部分：一個是自我欺騙，一個是賽斯心法。一個五十一歲的人能不能有四十歲的外表？可以。賽斯心法是信念創造實相，但一般人是自我催眠，打著義和團說刀槍不入，兩者完全是不一樣的境界。

有的人會化妝，撲上很厚的粉底，那麼人在心理上會不會撲上很厚的粉，連自己都騙過自己？會。賽斯身心靈修行的第一步是：學會素顏，真實的面對自己。如果失敗了，要說：「是的，我目前的生命的確失敗得一塌塗地。」「是的，雖然我擁有四、五千萬的財產，但是心裡很怕沒錢。」「是的，別人覺得我很棒，但我覺得自己糟透了。」一定要先誠實的自我面對，才能再出發，假裝沒有用，那是能量的累積，早晚會出問題。

因此，所有心靈成長的第一步叫做真實的自我面對和自我剖析，去認識內在不敢面對的自己。沒有經過這一關，要怎麼成長？就像是把房子建在沙灘上，都是騙人的。為什麼坊間的心靈成長課程到最後都破功，持續不了多久，因為沒有這個根基。

感覺不愉快時，花一點時間去弄清楚情緒的來源

當我們感覺有一種不愉快情緒時，花一點時間去弄清楚它們的來源。這就是賽斯心法，覺得很討厭一個人時，不要第一步就說：「我怎麼可以討厭別人呢？討厭別人是不好的情緒，我要回到光與愛。」覺得嫉妒一個人時，不要馬上說：「我為什麼嫉妒他呢？他那麼好，我不應該嫉妒他。」心中對一個人

有一把莫名其妙的無名火時，可能會回來自我檢討：「我的脾氣怎麼這麼壞、心胸怎麼這麼狹窄、為什麼對這個人有無名火？」特別易怒的人，可能會想：「我怎麼特別易怒？」沮喪的人可能會趕快吃一顆抗憂鬱的藥。這些都不是賽斯心法，賽斯心法是花一點時間弄清楚這些情緒的來源，了解自己為什麼會有這個情緒，不是立刻批判情緒。

像很多人討厭婆婆，每次過年必須回婆家住幾天，這時不要說：「我怎麼可以討厭婆婆？她把老公帶大，給我這麼好的先生，我不應該討厭婆婆。」這就是合理化，先花點時間弄清楚情緒的來源。

其答案要比我們原先認為的容易得到得多。只要問自己：「我這個情緒哪裡來的？」先不要急著貼標籤，也不要急著想轉化。暫且接受這個情緒為自己的，不要把這些情緒掃到看不見的角落而忽略它們，或是立刻想要用光與愛去寬恕，先去了解為什麼恨。花點時間弄清楚為什麼討厭、為什麼不原諒，這才叫真正的究竟。我一直講賽斯心法就是究竟，追本溯源，而不是一天到晚在寬恕。一輩子都在寬恕的人，是因為他們有越來越多的不寬恕，才必須永遠在寬恕，就像有些人一輩子都在跟別人道歉一樣。

不要把它們掃到看不見的角落而忽略它們，或試圖以我們認為好的念頭來取代，這就是合理化，想說：「他也不是故意的。」可以有這種想法，但是要放在第二步驟、第三步驟。像我前面舉的例子，突然變換車道進來的那個人，差一點讓我發生車禍，我可以原諒他，但是要先讓自然情緒出來再說，這才是比較自然的作法。首先要覺察情緒的真面目，唯有這樣才能自我整合。

上述的內容是很重要的修行，包含前面提到的次人格，要先面對，不要急著壓抑，任何的情緒也是一樣，修行的口訣在於「花點時間弄清楚情緒從哪裡來」。自我覺察就是對自己、日常生活、工作、身體及人際關係，寫下自己的觀察和觀點。心靈很奧妙，有正向通常就會有反向的答案，有時候要從全方位自我探討。

第74講

74-1

不要將感受壓在內心，一旦情緒流動，感覺會自動改變

今天門診有個憂鬱症患者說，她之前到大賣場工作，因為動作和反應比較慢，主管叫她不用再去了。我說：「就我過去對妳的認識，妳是北一女畢業的，後來到美國留學，回台灣到大賣場應徵服務人員，做到被解雇。但我聽妳在描述這些事情時，感覺不到悲傷。」

她說：「對，許醫師，我把我的感覺都壓抑了。」我說：「如果妳再把感覺壓抑掉，將來會爆發更嚴重的憂鬱症，或是產生解離，甚至變成精神分裂。妳必須重新回去感覺妳的感覺，尤其是情緒。」

我們從小到大被教會壓抑、忽略情緒。賽斯說，不管感覺到什麼樣的情緒，都不能壓抑、否認或解離。很多人感覺恐懼時，第一個反應常常是告訴自己不要怕，這樣不對。每當有恐懼或不舒服，應該要告訴自己：「我現在感覺到我在害怕。」重新找回感覺，澈底感覺到憤怒、恐懼、悲傷、憂鬱，才能重新找回自己，否則在理性層面上再怎麼思考，都不會認識自己。

（《個人實相》第三〇七頁倒數第六行）感覺有一種不愉快情緒時，先不要起批判心、分別心，不要告訴自己：「我該不該有這個情緒、該不該恨這個人、該不該原諒他？」而是要先花一點時間去弄清楚為什麼有這個情緒？了解情緒是怎麼來的？這就是修行、自我覺察的過程。

其答案要比我們原先認為的容易得到得多，暫且接受這個情緒為自己的。告訴自己：「好，我覺得很生氣，我現在就是很難過。」「對，我就是覺得自己很爛、很難堪，我是個失敗者，心裡很想罵髒話。」

不要把這些情緒掃到看不見的角落而忽略它們，或試圖以自認為好的念頭來取代。應該花一點時間去感覺為什麼產生這個情緒，但不是沉溺在那個情緒，兩者不同。很多人碰到人生的痛苦，會先否認自己的感覺，到最後失落、迷失，感覺不到悲傷，也感覺不到快樂，因為他們已經失去了感覺。一個人能失去味覺、聽覺嗎？很多人失去了感覺自己情緒的能力。

有個個案去年七月離婚，部分原因是當太太有情緒時，他只用理性應對，太太在情緒層面從沒有感覺到被支持、了解，所以想離開。這個先生說，因為他以前是小留學生，到處換國家、學校，後來學會了不管感覺，完全靠理性。他現在知道為什麼會失去這段婚姻，因為他不跟太太談感覺，他來找我是希望尋找回他的感覺。

請大家回去感受自己的感覺，要記得：「我的思想和感受流過我，但我不是我的思想和感受。」例如某甲說：「我覺得我是個失敗者，我很糟糕。」是去感覺他自己是失敗者、很糟糕、心裡痛苦難過的情緒。他在感覺自己是個失敗者的時候，是失敗者嗎？不是，他是在感覺那個情緒，但他不是那個情緒。如果不去感覺那個情緒，就永遠停留在那個情緒，一旦去感覺，情緒會流動而開始改變。

很多人一輩子把某個感受壓在內心，比如小時候被性侵，可是把感覺壓住，沒有流動，那個感覺隔了一百年還在。要是容許當年那個痛苦的感覺再次流動，感覺就會自動改變。像很多人與人之間的互動也是一樣，講了半天都在嘻嘻哈哈，沒有一句話在講真實的感受，因為他們害怕觸碰感覺。

不要害怕衝撞，到最後一定會說出真心話

在跟別人互動時，要能夠慢慢談到感受的層面，但也不是一開口就跟人家講感受，這樣會嚇到別人。例如吃年夜飯，妹妹開始講感受：「爸爸媽媽，我感覺很糟糕，因為你們從小就重男輕女，偏袒哥哥，我壓抑了二、三十年，今天一定要告訴你們。」其他人可能會說：「好好吃飯，不要再說了，不然我們沒辦法吃飯。」

有些感受說起來會傷人，讓人不舒服。請記得，感受一定要講到底，不能遇到不舒服的情緒就縮回去，因為講到後來，當對方的感受也被逼出來的時候，要再去衝撞，繼續讓它流動，到最後一定會把真心話說出來，這是很高的心理治療技巧。如果兒女要跟父母抱怨多年來的不舒服，或是父母要告訴孩子自己其實也很難過，就要讓情緒走完，這是非常重要的關鍵。

例如某乙跟父母說：「離婚之後，沒有得到你們的支持，我好難過、痛苦。」父母可能會嗆他：「你以為只有你痛苦，我們不痛苦嗎？我們怎麼會不支持你，不要再說了。」這時某乙要說：「你讓我把話說完，把我的感覺講清楚，今天我不是要怪誰，只是要讓你們了解我的感覺。」

大家的情緒都起來時，要跟著情緒的流，由情緒來帶動，才能說出彼此內在真實的感受，達到大和解。雖然剛開始的過程可能很傷人，輪流講出讓人覺得不能接受的話，這時候一定會很害怕，但要記得回到信任。不要以為，本來沒事，一講下去大家都不開心，擔心把場面搞得很僵。那是過程，尚未把心裡的感受說出來，因為內心最真實的感受是不傷人的，講一半才傷人。我們內心的情緒經常都沒有完整地表達，賽斯心法很確定，所有的情緒到最後都是愛，是能量的交流，沒有人天生惡意要去對付別人。

74-2

一個對自己有把握的人，不會被別人的每個藐視激怒或記恨

（《個人實相》第三〇七頁倒數第三行）首先要覺察我們情緒的真面目，經過一段時間，當我們變得對自己的信念更明白之後，明白自己的信念、起心動念、價值系統，將看出信念是如何自動地帶來某種情緒。這就是修行的方式，花點時間弄清楚自己的情緒怎麼來，越了解起心動念，就越了解情緒的來源，才不會一天到晚發脾氣，或莫名其妙很憂鬱，彷彿情緒不受控制。

一個對自己有把握的人，不會被別人的每個藐視激怒。對自己有信心的人，不會被別人的藐視所激怒，我講過，手上沒有傷口的人，伸進鹽水裡不會刺痛，可是手上本來有傷口的人，伸到鹽水裡就會痛。

如果有人來跟我說：「許醫師，他污辱我、輕視我、看不起我。」我會說：「干你什麼事？如果你肯定自己，那麼對方輕視、看不起、污衊的人是誰？就是他自己。」如果有人看不起我，我會說：「隨便，看不起我最好，就不會來找我幫忙，也不會跟我借錢。」如果常常因為被別人看不起而激怒，就是對自己會不會被看不起這件事沒那麼有把握，這是此地無銀三百兩，所以要回歸內在。

一個對自己有把握的人，不會被別人的每個藐視激怒，也不會記恨。什麼叫記恨？會去記恨別人，是因為自己最在意的事情被對方說出來了，像我就常常被記恨，因為我說出了當事人不想面對的事情，可是不說出來，怎麼面對？

然而一個對自己價值沒有信心的人，在上述的情況下，就會暴怒起來。暴怒背後的信念是：「我也同意我是個沒有價值的人。」這就是信念，情緒來自信念。舉個小例子，之前有人傳簡訊給一位工作人員，指責她是許醫師身邊的佞臣，她很難過，大怒和大哭。

後來我說：「可能妳早就懷疑自己是這種人了，或是擔心自己會不會是這種人。」因為她怕自己做得不夠好。如果她覺得自己做得很好，看到這封簡訊就會說：「不錯，竟然有人可以說我是佞臣，真有想像力，給他一顆小紅星獎勵一下。」我們內心的暴怒常常是來自於對自己的不肯定，對自己的價值沒信心，所以要回來借外觀內。

如果情感沒有受到阻礙，會帶我們回到引起情緒的那個有意識信念

我們情感的自由流動，如果沒有受到阻礙，永遠會帶我們回到引起情緒的那個有意識信念。如果容許情感流動，到後來就會說出某一句話，而找到自己的信念。比如，這位工作人員可能一直哭、一直叫，最後說出：「我就是常常害怕自己做得不好了，你還寫這封簡訊來。」那個信念是什麼？擔心自己做得不夠好。所以，跟著情緒之流而說出來的那句話，就會是答案。

不管是家庭糾紛或外遇問題，一旦造成情緒起伏很大，就是修行的開始。不管起了什麼情緒，都要去感覺它，信任它，跟著那個情緒走，最後會把我們帶到是哪一個信念造成這個情緒，什麼事情讓我們暴怒。每個憤怒及情緒的背後，都有一個核心信念，而那個核心信念常常在挑戰我們的自我價值，覺得自己是怎麼樣的人、是不是沒有用？

有一次我在中正紀念堂演講，開我媽媽的玩笑，說我們去美西旅遊時她夾雞腿給我。後來我媽媽就暴怒說：「我哪有這樣，你亂講，上次伯母請客，就

有人把整塊豬肋排帶走，我最氣這種人了，你還這樣講我。」講到後來她說：「就算你媽媽當時是這樣子，你也不可以講出去，你媽媽是這麼自私的人嗎？」

其實那時候我想表達的是母親對孩子的那份愛，我媽媽為什麼暴怒？因為愛面子。內在的自我價值越低，就越愛面子，越在乎人家對自己的看法，所以我們要跟著這些情緒回去找內在的自己。

如果很誠實地面對情緒，花一點時間去問情緒是怎麼來的，總會找到核心信念。比如老師打電話跟父母說孩子在學校發生的事情，越暴跳如雷的父母，其背後的信念是什麼？第一、根本不信任孩子；第二、早就懷疑自己不夠稱職，沒有把孩子管教好，覺得自責。自責什麼？也許是忙於工作疏忽了孩子，也許是管教方式不得體。因此，去看看是什麼東西引起我們的巨大情緒，那就是修行的起點，千萬不要放過情緒，情緒本身沒有對錯，而是引導我們自我覺察的入口。

我們的情緒總是會改變身體的化學平衡及體內荷爾蒙的量。影響體內的化學平衡跟荷爾蒙量的關鍵是情緒。但只有當我們拒絕去面對意識心時，才有危險，就是指要自我面對。了解自己的意圖，和面對自己經驗的真面目，對我們

都大有裨益，因為這會讓我們產生一些有力的情緒和繼續探尋的動力。

去感覺情緒，就會產生有力量的感覺，如果有憂鬱的情緒，要去感覺那個憂鬱，問自己：「我怎麼會這麼憂鬱、這麼傷心難過？」找到了那個情緒就會產生動力，開始進一步更深的自我覺察。

沒有人能為我們做這件事，也許我們相信精神的健康意指永遠開心、有決心且為人著想、從不哭泣或表現出失望的樣子。單單以上那個信念，就可以令我們否定十分自然的人類經驗層面，而阻塞了本可滌清我們身心兩者的情感之流。

如果抱持的想法是，修行得很好代表永遠身心健康、開心、有決心、為人著想、從不軟弱或不會表現出失望的樣子，那麼麻煩就大了，因為會框架住自己。身而為人，有沒有自然的情緒波動？有，連許醫師都可以脆弱、害怕、恐懼。越承認所有情感的幅度，越能成就心靈的內在。

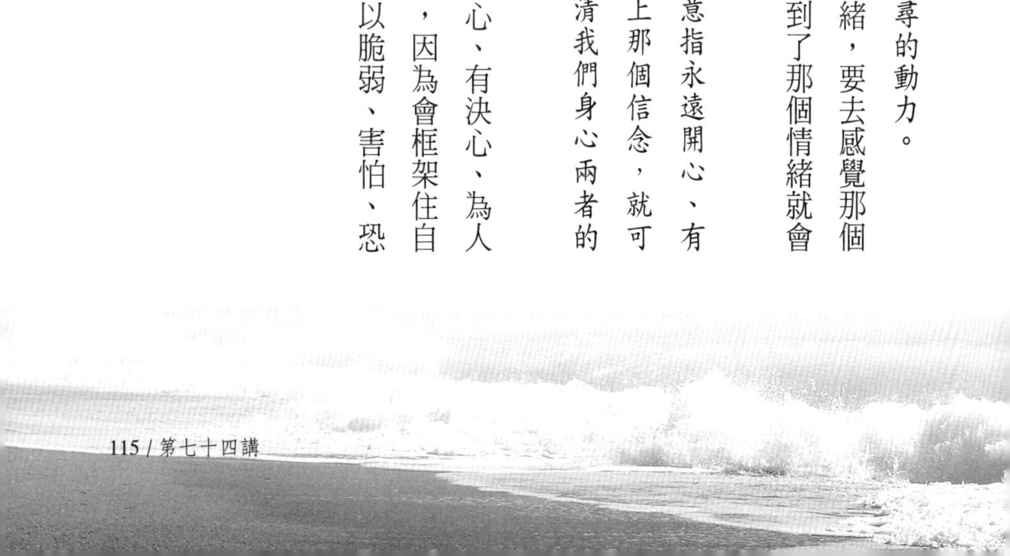

不要怪情緒，而是怪信念，跟著情緒走就會找到核心信念

但是，如果我們確信情緒是危險的，那麼那個信念本身就會使我們對所有情緒產生恐懼，而如果我們又表現出任何不是最「合理的」鎮定行為，就會變得幾乎是驚惶失措了。像巴金森氏症的人就是從年輕開始，不允許自己有恐懼的情緒，不容許自己表現出害怕。

我常講，要容許自己可以害怕、軟弱、恐懼，這個容許非常重要。今天有位巴金森氏症患者來，她以前非常強悍，是家裡的武則天，全家人都怕她，可是她壓抑了內心所有的恐懼。要趕快容許自己可以有各式各樣的情緒。

如果我們相信情緒是危險的，那個信念本身就會使我們對所有情緒產生恐懼。「為什麼又憤怒了？我怎麼又難過、沮喪、恐懼了？我不應該恐懼啊！」這些都不對，人不應該恐懼自己的情緒。

於是，這樣的人就會以為自己的情緒或情感是非常不可預料、極為有力的，而必須不計一切去壓抑。一旦開始壓抑情緒，就真的惹上大麻煩。這種扼殺自然情緒的企圖一定會產生副作用，如果要怪的話，就要怪信念本身而非那個情緒。賽斯說不能怪情緒，要去怪是哪一個信念把它帶來的，因為怪情緒就

會壓抑情緒，如果怪的是信念，就要去改變信念。由此可知，怎麼樣才能找到信念？跟著情緒走，去說、去衝撞，到後來就會說出真心話。

我記得在《天龍八部》裡，有一次阿紫要放一枚毒針打喬峰，喬峰就用畢生所學的降龍十八掌把毒針震偏，那一掌把阿紫打得人不像人、鬼不像鬼，後來阿紫終於說出她是要把姐夫打成殘廢，才能終生照顧他。

另一個例子是阿紫的姐姐阿朱，假裝成段皇爺讓喬峰打死，那時候喬峰以為段皇爺是帶頭大哥，殺死了自己的爸媽。到阿朱臨死前，喬峰才發現雖然阿朱是段正淳的私生女，但她不是替段正淳而死，其實是為了喬峰而死，她擔心如果喬峰打死段正淳，大理段家的一陽指、六脈神劍的高手就會把喬峰打死，喬峰到最後才明白阿朱的苦心。這個「明白」就是每個人必須明明白白的去面對情緒，因為面對了情緒，才會飆出最後那句話，而那句話就是核心信念。要找核心信念，有時候要透過情緒。

上面所說的任何一種情形，都會使一個人與自己內在的平衡感失去聯繫，而一個人本有的自在就受到了干擾。什麼是真正的自在？容許自己的情緒自然流動。但情緒不分對錯，一旦流動就會找到力量感，跟著情緒去找出後面那句話是什麼。

假設有個太太一直要先生買鑽戒給她，吵到後來太太飆出一句話：「因為你十年前買了一顆鑽戒給婆婆，這麼多年來，我都認為你不愛我，如果你買給我，我才會真的覺得你是愛我的。」原來她要先生買鑽戒，不是因為喜歡鑽戒，而是因為她覺得先生比較愛婆婆，不愛她。如果沒有吵到最後，那句話不會說出口。

有時候我會鼓勵大家去吵、去鬧，因為鬧到最後，那句話會出來。到那時，人的情緒被逼到要說出真心話，這些話平常都藏在心裡，這是大家要學習自我覺察的地方。

74-3

人類意識選擇投胎到人間，就是要學習獨立，體驗人間就是天堂

我們有一位癌友，一生的命運可以用「坎坷」兩個字形容。首先要佩服她的勇氣，當年有一位男士罹患了淋巴癌，被相戀多年的女友拋棄，她頂著留美碩士的學歷，瞞著父母親，毅然決然地嫁給了這位她傾心的男士。

她後來罹患卵巢癌，還創了醫學史上的記錄，懷孕五、六個月才終於檢查出來，那時腫瘤已經跟胎兒一樣大。胎兒七個月大時，先快速處理腫瘤，又過了兩個多月，第二次剖腹把胎兒拿出來，順便切除卵巢。別人是生完小孩開始做月子，吃麻油雞，她是生完後馬上做化療，之後再開第三次刀，看看有沒有拿乾淨，實在是費盡千辛萬苦，在婚姻的道路上也走得非常艱辛。最近她的父親罹患攝護腺癌，一路以來非常辛苦。請她來跟大家分享她的心路歷程。

學員說：「我四年前帶著一顆破碎的心來到基金會，那時候身邊拖了兩個重擔，一個孩子小一、一個小六，在經歷了先生和我自己的癌症，那算是我人生第一次想自殺，因為我的婚姻出現了很大的危機，先生為了第三者要跟我離婚。

「我一直對生命充滿信心，可是在那個當下，我第一次失望了，甚至想開車去撞安全島，最可悲的是又不能死，因為心裡還記掛著兩個千辛萬苦生下來的孩子。就是在那樣的機緣下來到了基金會，得到很多幫助。

「我從賽斯視訊開台就一直收看視訊課，很少缺課，這些課程幫助我很多，我覺得大家很幸福，可以在現場親自聽許醫師演講。每次的視訊課許醫師帶著我們做自我覺察，我覺得每次的課程就像是一次諮商。

「更幸運的是，三年前基金會成立時，我剛好有幸待在執行長旁邊，她像是我的指導靈，如果我的某一種慣性又跑出來時，她通常就會用一、兩句話點醒我，如果我再犯，她會不斷的帶著我去改變，我覺得很感恩。」

她的先生之前得癌症並沒有擊倒她，自己得癌症也沒有擊倒自己，後來先生外遇，她真的慌了。一路以來，她都假裝很想得開，其實全都是騙人的，她從頭到尾還是深愛著先生，縱使他口出惡言，對簿公堂，決定要把這個糟糠妻離掉，可是她依然守著一份希望，讓我看到一個人心中有一份愛的時候，會那樣的堅持、執著，仍不放棄那億萬分之一的希望。

學員繼續說：「這四年下來，就是一個很愛先生的那個自己在支撐著，說實話，外遇這整件事情，我也有一個很恨的自己，但是這四年來一直壓抑。許醫師一直教我們如何自然表達憤怒的情緒，這是我最近一、兩年才開始學習的部分。

「我在看許醫師《許你一個耶穌》的第一章，覺得很感動，好像突然看見了自己靈魂的安排。我出生在一個小康家庭，二十四歲離開台灣去美國，父母非常愛我，當我看到《許你一個耶穌》這本書，突然有個靈感，父母給我的感覺就彷彿我一直活在內我或一切萬有的懷抱，可是我要離開台灣去美國讀書時，真的是一個人拎著行李，媽媽在後面送機，我知道媽媽在哭，但我不敢回頭，我知道自己必須獨自走這一段過程，一個人飛到美國。

「就像許醫師在書中講的，我們人類意識選擇投胎到人間，就是要自己學習如何獨立，如何有自己的思考，來這裡體驗人間就是天堂。我現在回顧過去，父母一直對我不離不棄，爸爸是公務人員退休，存了將近一千萬，我永遠忘不了在我生病時，他打開存款簿說：『這些錢應該夠妳去美國找最好的醫生治療。』

「就是因著這樣一份愛，甚至到了我的婚姻出狀況，弟弟馬上說：『妳在經濟上不用擔心，兩個孩子我會幫忙照顧。』因為我生病後就沒有工作，安心在家養病和帶孩子。我現在出了戲，再回頭看我的角色，走到了這樣的心境，覺得人生上半場還滿精彩的。

「最近聽到蕭煌奇的一首歌提到，人生就是一站一站的轉換。我不願意過平淡無奇的日子，寧願選擇看燦爛的煙火。我這一生婚不好好的結，就要挑一個得癌症的對象，孩子也不好好生，自己要得癌症，離婚也不好好離，還上了報。出了戲去看，會覺得那些連續劇的戲碼我都演過了，滿好玩的。很感謝許醫師和執行長的教導，我現在偶爾還是會有一個入戲的自己在那裡擔心，或是不舒服，可是我快要能在那個當下立刻轉到一個很平靜、自在的自己，笑看自己的上半生。

「四年前我覺得人生無路可走，現在的感覺是雖然仍在原點，也沒有走到哪兒，但我看見了每條路都可以走，力量完全在我的手上，現在就算要離婚，也跟四年前是不一樣的局面，那時候是一種被迫的心境，現在我相信是自己的選擇，就滿高興的。」

74-4

把意識心的信念跟內在調整到同一個方向

有任何情緒來的時候，先不要去評論這個情緒是對或錯，好或不好，修行的口訣是：「花一點時間弄清楚你的情緒是怎麼來的。」如果願意信任情緒，最後會明白並不是情緒出了問題，而是找出哪一個信念帶來了這個情緒。

比如，某甲過年前被公司開除，今年過年回家心情不好，陷入了一連串的沮喪和憤怒。這個情緒從哪裡來的？第一、他覺得被開除很沒面子；第二、覺得自己很糟糕；第三、長這麼大了，還讓年邁的父母擔心，證明自己不孝。

賽斯說，要花一點時間去問自己：「這些沮喪、難過是怎麼來的？」原來是他認為失業就表示自己不夠好，這就是他的核心信念，但這個核心信念一定是對的嗎？不一定。不論現在有沒有工作，一個月賺多少錢，那些是現象界。本體界是什麼？還是要回來肯定自己，了解自己內在的信念到底是什麼，這輩子生命的意義和價值在哪裡？

（《個人實相》第三〇九頁第八行）意識心的功用，是要把我們的能力和意識心對實相本質的信念調整到同一方向。意思是說，我們的能力透過我們的意識心對實相的本質，調到同一個方向。

而我們的能力是相當可觀的，例如我們說「身體天生就是健康的」，再把信念調到「我相信我天生就是健康的」，就是相乘的效果。相信「價值完成是容易的」，就把這個能力發揮出來；相信「我的身體對於任何吃下去的食物，都可以保持健康」，這個信念就跟我身體的能力相乘了。

因為意識心的這個功能，包括了我們的創造力最深層面，以及我們只略有所感、深藏於意識之下的力量。所有人的內在潛力無窮，但是當意識心的信念不對，就要倒大楣了，所以一定要把意識心的信念跟內在調整到同一個方向。

一個人不能相信自己不配得到快樂，同時卻以意志強迫自己快樂

一個人不能相信自己沒有權利快樂、不配得到快樂，同時卻以意志強迫自己快樂。有時候我爸爸常開玩笑說：「你看，你跟你姐姐這個樣子，我怎麼可

能會快樂？」我就說：「不然不要快樂啊！」有時候父母或配偶也會說：「孩子這樣子，我怎麼可能會放心？」這時就回一句話：「那就不要放心啊！」

很多人內在覺得自己沒有權利快樂，而認為：「我事業沒有成功，怎麼有權利快樂。」「我是這麼糟糕的人，做這麼多糟糕的事情，我不配得到快樂。」這些人認為自己不配得到快樂，卻用意志力告訴自己「我要快樂」。

一個人不能告訴自己把攻擊的念頭釋放出來，又同時相信放那些攻擊的念頭自由是錯的。在所有情形下，他都必須對自己的信念知道得一清二楚。家人之間要衝撞，才能讓真正的感受和愛出來。有位同學真的照做，但是衝撞完還是會有一點難過的感覺，這時候就要告訴自己：「不必難過，只要內心抱持的是正面的意念，所有人的內在都是一份愛的感受。我可以釋放攻擊性的念頭，不用擔心傷害到別人。」不要發完脾氣又自責，只要告訴自己：「我做了一次很好的嘗試，下次會做得更好。」

基本上，要把信念弄得一清二楚，不要做了這件事情又永遠在後悔。我發現很多人一輩子都在後悔，我曾跟一位個案說：「你好像永遠都在後悔過去做錯決定，一輩子花了很多的時間在後悔，你想繼續過這樣的人生嗎？要開始調整信念。」

再次強調，如果人家告訴我們「心靈」是好的、完美的，而我們自己也必須在所有方面都是完美的，但是同時卻相信自己的身體是不完美的，那就永遠會處於矛盾中。這句話很重要，很多人相信不生不滅，不來不去，心靈是完美的，也很努力在所有的方面追求完美，卻同時相信肉體是不完美的，請問矛盾了沒有？矛盾了。身體是心靈的一面鏡子，如果對心靈有信心，卻隨時擔心身體會生病，這就是矛盾。

相信心靈的真善美、宇宙的智慧，同時卻每天活在恐懼中，擔心自己的身體這裡不舒服，那裡胃痛、頭痛，這樣不對。要趕快建立起「身體的本質很完美」的信心，雖然身體的現象有時候會生病，像最近年關到了，很多人生病、感冒，但那是現象界、變化界，身體的本質一樣是健康、完美的。很多人因為現象界生病了，就否定了本質，對本質失去信心而迷失了。

身體本來就是現象界，不論以前是否生過病、得過癌症，都要找回對身體的信任。而事業、考試、婚姻的成敗是不是現象界？當然是，不可能因為這些現象界而否定自己。

74-5

在某些情況下，發怒可以是最令人亢奮和最有治療作用的情緒

（《個人實相》第三〇九頁最後一行）如果一個人認為，靈魂因為和肉體結合而喪失其高貴，那麼他就無法享受自己受恩寵的感覺。賽斯一直強調，靈魂和肉體一樣高貴，而不是靈魂比較高貴，肉體比較卑下，也不是靈魂的振動比較高，肉體比較低。

過去的觀念一直是貶低肉體，這個觀念大錯特錯。很多人認為肉體吃五穀雜糧，比較低劣。其實肉體的本質跟靈魂一樣高貴，如果不認為肉體是高貴的，就會認為自己根本不配得到恩寵，感受不到有一個宇宙的愛在恩寵著自己。

因為他相信那是一件不可能的事，憑什麼肉體要得到恩寵？他根本沒有這個信念，他的信念主宰他對各種情緒的詮釋，信念會詮釋情緒。例如許多人相信發怒永遠是不好的，這個信念對嗎？很多家庭很有趣，誰發脾氣，誰就是錯的。很多場合也都是，誰先發怒、誰就是不對，誰失控、誰就是錯的，這觀念不對，難道一直忍才是對的嗎？先發脾氣的人一定是修養比較不好的嗎？

以前我們一直有個錯誤的信念，好像修養好的人不發脾氣，但是這些人容易得癌症、肝病，他們不是沒有脾氣，只是壓抑下來，不發而已。上次我們講過，人都有自然的情緒表達，永遠不發脾氣絕對是假的。相信發脾氣是比較沒有修養，或是發脾氣永遠是不好的，全都是錯誤的信念。發脾氣永遠是好的嗎？當然不是，不要以偏概全，矯枉過正，一定要回到中庸之道。

但在某些情況下，發怒可以是最令人亢奮和最有治療作用的情緒。為什麼我們有時候會開憤怒工作坊？因為發怒可以通血路，那些循環不好的人就是從來沒有好好的發脾氣，不斷委屈求全、壓抑，敢怒不敢言。發怒可以是令人亢奮和具有治療作用的情緒，當情緒出來了，創造力會跟著出來，願意說出心裡的感受，而沒有情緒的人最後也失去了力量。

於是一個人就能了解，多年來，他都是在相反信念下使自己的情緒龜縮了，那麼在怒氣中，就會起而反抗那些信念，有一天突然發火。像有位學員跟大嫂說：「妳為什麼要討好那些人？」這句話會讓大嫂很震撼，因為她之前以為這樣是對的，可是學員告訴她那是一種討好。她的大嫂不見得認同這位學員說的，可是回去會思考：「我為什麼要這樣討好別人，這麼卑微？我這麼做，別人真的會對我比較好嗎？沒有。」有些人一輩子都在討好別人，直到有一天情緒起來了。

當一個人真的在發怒中，就會起來反抗那些信念，這句話很重要，他會說：「我為什麼一輩子都要聽你的話、永遠看你的臉色？你不高興的事，我就永遠不能做。我為什麼要永遠為別人付出？我再也不要這樣了。」傷心、難過之後，開始反抗這個信念。賽斯說，不是去反抗誰，而是反抗自己那些限制性信念。

今天有對夫妻來看診，太太有很嚴重的強迫症，她說她幾乎永遠在看先生的臉色，可是先生說：「沒有啊！我已經很久沒有這種臉色了，不然我戴面具好了。」因為後來這已經變成她的慣性了。

有些人一看到周遭的人變臉就退縮，因為他們從來沒有真的拿回自己的力量。比如，有些孩子只要碰上父母反對的事，就不敢做，或是如果要創業、找工作，永遠只敢去找人家認可的工作，不願意去走自己想走的路。他們應該生氣的是自己。當怒氣起來時，要反抗的不是別人，是自己的限制性信念。

正常的攻擊性基本上是一種自然的溝通方法

真正開始一個自由的新生活，正常的攻擊性基本上是一種自然的溝通方法。賽斯說的是正常的攻擊性，並不是有話放在心裡，什麼都不講，而是要表達。尤其在社會生活中，所謂正常的攻擊性是一個讓另外一個人知道他已經越了界的方法，因此也是一個阻止暴力——而非引起暴力——的方法。

這段話有很深的涵義，自然攻擊性的本質是在社會生活中，讓我們去溝通的方法，讓對方知道他已經越界了，目的是阻止暴力，而非造成暴力。假設過年時，媳婦回家煮了一桌子的菜，婆婆坐上來開始嫌東嫌西，媳婦應該要忍嗎？這時候如果她心中一股怒氣起來了，就要跟婆婆說：「今天這桌菜都是我煮的，如果妳有什麼不高興，請私下跟我說，不要當著這麼多人的面數落我、抱怨我，妳這樣讓我很沒面子。」她這些話有沒有去攻擊或傷害別人？沒有，這叫做自然的攻擊性。

她也可以說：「婆婆，哪幾道菜妳不喜歡吃，可以不要吃，我明天改進，今天就不要再碎碎唸了。」這種表達有其必要，會讓對方知道不能一直越界，不要踐踏別人的尊嚴，最後會有好結果，而不是一直忍耐。

賽斯特別強調，在群體社會當中，所謂自然的攻擊性就是告訴別人：「這是我的界限，不要再越界了，你再越界，等一下大家會有很多不舒服的感受。」因此反而是避免暴力的方法。

很多社會新聞也是這樣，比如，樓下嫌樓上鄰居太吵，結果拿刀子上去理論，在拿刀子之前，其實有很多自然的攻擊性應該要展現，早就應該採取行動了，不是一忍再忍，最後忍無可忍就爆發了，這不是好的溝通方式。好的溝通方式是回到生物的禮貌，告訴對方他越界了，這叫自然的攻擊性。比如，老闆罵員工，員工可以說：「你可以指責我的工作，但是請不要辱及我的家人。」

所謂的溝通就是要讓對方知道我們的意圖和感受

動物的自然攻擊性是以最大的生物本能去運用的，在一方面已經制式化了，另一方面卻又是一種全然的自發，而在動物之間是了解這種信號的。動物自然的攻擊性有各種不同的程度、姿態和意義，那些全都是一連串的溝通，在這種溝通下，彼此的意圖就非常清楚了。

所謂的溝通就是要讓對方知道我們的意圖和感受，可是在這個社會裡，我們出於恐懼不敢說，於是壓抑下來，讓對方猜，其實這樣不對。真正的溝通是要說出來，在生物界裡面，溝通是讓彼此明白對方的意圖。很多夫妻永遠在猜另一半為什麼變臉，是衣服擺得不對、菜煮得難吃、回來沒有拿拖鞋，還是為昨天某一句話在生氣？不明講，怎麼知道對方在氣什麼，別人又不是我們肚子裡的蛔蟲。

有的人喜歡生悶氣，但是不說出來別人怎麼知道你在氣什麼、怎麼跟你溝通。溝通就是讓彼此知道對方的意圖。為什麼大家經常在猜來猜去，不好意思講？因為種種的限制怕得罪人，結果適得其反。

大致上，在任何一個戰鬥發生之前，動物已經有一連串非常複雜的象徵性行動，然而攻擊行為的展示大半會阻止實際戰鬥的發生。賽斯在講生物學，許多生物界都是這樣，例如養狗的人知道，狗出去一定是找電線桿小便，牠在做什麼？方便辨識彼此，了解這個區域裡有多少隻狗會來散步，哪隻狗有哪種味道。所以只要任何一隻狗走出門，就會知道這個區域有多少狗，公的還是母的，那就是社交行為，這樣彼此才會清楚。在動物界裡有這樣的溝通行為，所謂攻擊性的展現，其實是為了阻止實際的戰鬥和彼此的攻擊。

人類對於攻擊性則有非常情緒化的矛盾態度，而他對攻擊的信念，也引發了許多群體和個人的問題。人類文明化之後，尤其是現在的社會，所有的憂鬱和疾病或多或少都是因為攻擊性能量沒有出口。這裡講的攻擊不是去傷害別人，而是一種溝通，把真心話表達出來，不要壓抑情緒。

人類對這部分已經被制約得很慘，為什麼很多遊戲軟體都很暴力、殺來殺去？那就是攻擊性能量。這些年輕人有很多內在的攻擊性能量，但是不能打老師，不能校園霸凌，如果這些攻擊性能量沒有被引導，就會變成飆車。很多人說，那些暴力的電動玩具是不對的，其實要先區分，暴力遊戲和展現攻擊性能量的遊戲不一樣，暴力是去傷害別人，攻擊性是一種積極進取，有助於宣洩能量，沒有了這些攻擊性，犯罪率反而更高。

攻擊性能量是展現內在的生命力，這種矛盾的情緒導致很多人內在的問題，例如所有的自體免疫疾病都是來自於：「我沒有用，我不能傷害別人，只

好傷害自己。」就像孩子在學校跟同學起衝突，不能打同學，只好回家打弟弟妹妹出氣。

攻擊性能量本來應該是要用在創造性、溝通、表達，但是很多人用錯地方，把矛頭指向自己，自我批判、自我攻擊，引起了我們一直在說的「人工的罪惡感」，怨恨自己無能，怪自己糟糕，脾氣不好，修養不好。

學習使用攻擊性的能量是一個人這輩子很重要的功課，不要壓抑，因為攻擊性的能量一出來，可以變成很大的創造力，跟隨著內心，信任自己。

第75講

75-1

攻擊性的能量表達可以作為一種阻止暴力的溝通方法

（《個人實相》第三一〇頁最後一行）在這本書中，一直在討論自然的攻擊性，這是指內在自然範圍內的正常情緒，我們無法否認身而為人的自然情緒。

在我們的社會中——其實在別的社會也有一點，對攻擊性自然的溝通已經被破壞。在我們的社會中，如果內心對周遭人有所不滿，通常無法真實的表達，而必須壓抑，或是明明要講東，結果是在講西，無法真正表達自己的感受。

我們混淆了暴力和攻擊性，而不了解攻擊性的創造活動或它可以被作為阻止暴力的一種溝通方法。舉例來說，今天有個精神分裂個案的媽媽來，我在治療時找到一個關鍵點，發現患者的爸爸曾經是全家人心中高道德標準的完美化身，有著神一般的崇高形象，不但是孩子的榜樣，也是孩子一輩子想達到的理想和目標，孩子以達到爸爸的期望為生命的動力。

後來發生一件事讓全家人跌破眼鏡：爸爸外遇了。有外遇不奇怪，問題在於孩子的心目中，全世界男人都可能外遇，只有我的爸爸不會。像我從來不營造完美的形象，以免給人錯誤的期待，才不會造成自己精神上的壓力。

於是這個孩子一輩子的信念系統受到致命的打擊，導致精神錯亂，她的精神分裂跟這個百分之百相關。平常這個精神分裂的女兒瘋瘋顛顛，但只要爸爸出門應酬或開同學會，突然會變得很清醒，問媽媽說：「妳有沒有打電話給他？妳知不知道他在哪裡？」而且她的精神病症狀都跟男女的感情、性、外遇有關，因為她心目中那個完美標準的爸爸形象破滅了。

後來我教媽媽一件事，有點類似我要告訴大家的「自然的攻擊性」，因為那個媽媽有時候會跟女兒說：「這是我們倆夫妻的事，不干妳的事。」我跟她說不是這樣，我請媽媽用力抓住女兒的手，大聲說：「妳爸爸有沒有外遇，那是他跟我的事，妳要痛苦也好，不痛苦也好，跟妳沒關係。他是妳爸爸，不管他有沒有外遇，都不會改變這個事實。」必須要用很明確、強烈的方式，讓她醒過來。

比如某甲一輩子為了賺不到錢而痛苦，想自殺，此時要跟他說：「你賺不到錢就想去死，那全世界沒有賺錢的人不是每個都得死？」不是叫他一定要去死，而是在面對這種情況，要很真誠地流露出自然的情緒。

對我而言什麼叫治療？治療就是表達內在最真實的感受，我要她媽媽強而有力地告訴女兒：「不然妳要怎麼樣，不能因為這樣子就覺得受到致命的打擊，永遠痛苦下去。爸爸外遇跟妳將來要不要談戀愛、結婚有什麼關係，妳把爸爸當成唯一的價值標準了嗎？」這就叫攻擊性的表達。

之前媽媽跟女兒說：「妳爸爸出門，難道我要隨時監視他嗎？」女兒一聽就火大，拿東西砸媽媽，還把媽媽抓傷。她為什麼會有這個舉動？因為她完全不能接受爸爸有外遇，而且她討厭媽媽，竟然對先生外遇放任不管，一旦爸爸外遇了，整個家就解散，沒有未來，世界要毀滅了，這是僵化思考（rigid thinking），思考很框架式、很固執、鑽牛角尖。

所有會得精神疾病的人，一定有個牢不可破的邏輯，例如：「只要我功課不好，拿不到大學文憑就沒有未來，我死定了。」於是就崩潰了，或是：「只要爸爸外遇，父母離婚，家就崩解，世界毀滅了。」他們有個單線、固著、牢不可破的邏輯。就像是如果要去高雄，得先經過台中，沒有經過台中，就不可以去高雄。這種僵化思考一定要打破，否則病不會好。一定要告訴她：「那條路就是不通，要不要走替代道路？」而且要用一種很真實的感受表達，這就是一種攻擊性的能量，反而可以讓她醒過來。

賽斯說，這種表達有時候可以用來阻止暴力，因為女兒內在的邏輯是覺得媽媽永遠有氣無力，根本不管爸爸外遇，就是她容許我們家毀滅，所以我要打她。如果媽媽跟她說：「不管妳爸爸有沒有外遇，我都不會跟他離婚，這是我的事，不是妳的事，妳不需要在那邊瞎攪和。」就可以阻止暴力。

我們處心積慮抑制攻擊性的溝通成分，而忽略它的許多正面價值

事實上，我們處心積慮抑制攻擊性的溝通成分，而忽略它的許多正面價值，直到它自然的力量愈積愈多，終於爆發成暴力，暴力是攻擊性的一個扭曲。這裡的攻擊性不是去攻擊別人，而是去表達真實的溝通，說出心裡的感受。

有個學員跟我說：「許醫師，我說出心裡的感受，先生就罵了我一整

晚。」她先生退休了，這兩年在做直銷，也沒賺錢，有一次這個學員收到了扣繳憑單，發現有一項是利息收入，她回推那個帳戶的本金大概有一、兩百萬，想起了許醫師說過：「要真實的溝通和攻擊性的表達。」結果去質問先生：「你為什麼騙我？」先生回答說，希望多存一點錢給她一個驚喜。然後她就很憤怒說：「你連這個都會騙我，還有什麼不會騙我？你根本不在乎我的感受，你不愛我。」先生從頭到尾覺得被誤解了。

我跟學員說，真實溝通不是這樣。首先，如果覺得受傷，可以跟先生說：「老公，你這樣退休下來，竟然還能存到一百多萬，我高興得要命，可是有一筆帳我要跟你算，你讓我這一年多來擔心家裡的經濟。」這樣說先生會不會生氣？他可能會說：「不好意思，我以為這樣會給妳驚喜。」而不是跟先生說：「你連老婆都要騙，還有誰不能騙？」

後來學員說：「許醫師，你教的我好像都只聽一半而已。」我說：「很簡單，錄音回去放給老公聽。」有時候只學一半，回家會出問題。很多時候，一定要知道很多事情有它的階段和過程，一開始見山是山，接著見山不是山，最後見山又是山。我教大家的是很神妙的武功，自己要稍微套一下招。

她想了一想才說：「許醫師，你說的都是對的，也是我心裡的想法，怎麼你說出來的跟我說出來的差那麼多？」意思一模一樣，不同的表達方式，結果就完全不同，很多人一表達出來，對方就覺得被指責。這位學員的先生覺得：「我退休了，這兩年去賺個一、兩百萬，想要給妳一個驚喜，妳竟然氣成這樣，完全不信任我，我們離婚算了。」一樣的話說出來截然不同，給人的感受也不同。

75-2

任何創造的概念都具攻擊性

（《個人實相》第三一一頁第六行）出生也是一種攻擊行為，一個「自己」以極大的推動力，從母親身體內向外衝刺而進入一個新環境。出生是地球上所有生靈最大的攻擊性行為，想想看，一個新生命來到這個世界，有沒有對這個世界造成影響？有沒有帶來他的思維、感受？有。這就是賽斯講的攻擊性涵義。

大家經常誤解攻擊性，我們要好好來界定：任何創造的概念都具攻擊性。我說過一句話：「賽斯心法比佛法更究竟。」因為佛法過度注重內在精神實相，忽略了物質實相的必要性和重要性。

我們並不是要否認物質實相，四大皆空，看淡物質的一切，轉入精神實相，絕對做不到這一點。例如身體在痛，明知四大皆空，但痛就是痛，超脫不了、解脫不了，這是現象界。至於追求心靈的人，最後不得執著在現象界，因為現象界是末，心靈才是本，不要本末倒置，太注重物慾，過度追求物質，而在這個世間入戲太深。必須把現象界當作心靈創造力的展現，而不是忽略它。

賽斯心法不是忽略現象界，而是把它當作一種變化。心住在本體界，現象界則是操作工具，讓我們練習「我創造我自己的實相」，在現象界學習成長，提升智慧，學習如何本末兼顧。我們不能一直只停留在現象界，終究會發現原來現象界是偽裝實相，於是進入心靈更大的愛、喜悅和智慧。

當我說出「賽斯心法比佛法更究竟」這句話，有沒有攻擊性？有。後來在吃飯時就被我的哥哥妙參和尚的信眾回擊說：「賽斯心法才是方便法門吧，佛法當然更究竟，怎麼會顛倒過來呢？」我把他說的話當作現象界。

任何創新的觀念都是一種攻擊性。所謂真正的攻擊性是造成一種震撼，任何偉大的藝術作品、音樂創作、概念等，都是極強大的攻擊性，攻擊性就是一種擴展以及能量的展現。

暴力不是力量，而是一種對全面情緒的投降

暴力並非攻擊，這裡的攻擊指的是「aggression」，相反的，暴力是對情緒的一個消極投降，而我們並沒了解或估量這個情緒，只是懼怕它，同時又去追求它。賽斯在分析暴力行為是怎麼來的。暴力基本上是一種對全面情緒的投降。比如，一個人不想吵架時，就直接動手了，因為多說無益，生氣根本沒用，或是不談判時，大家就戰場上見，戰爭就是不溝通。

賽斯說，暴力是關閉溝通之門才發生的，已經放棄了所有的情緒表達，才會產生暴力。如果還想罵對方，想跟對方講道理，就不會出拳頭，出拳頭是因為已經懶得說，或是覺得說也沒有用，拒絕任何溝通和表達，暴力才會出來。

過去我們以為暴力是很大的能量，拳頭越大越有力量，但賽斯說暴力不是力量，而是「沒有力量」，因為無力感持續累積，絕望加上憤怒，扭曲後變成一頭受傷的野獸。真正有力量的人內心和平，沒有恐懼，願意坐下來好好談，因為他既然一個眼神就能把人嚇得屁滾尿流，為什麼還需要動手。賽斯講的內容讓人匪夷所思，顛覆我們過去的邏輯，可是仔細剖析還真有道理，我深入思索，佩服得五體投地。

在所有的暴力裡，都有很大成分的自殺情緒。所有的暴力裡面，都是一種自我毀滅和自殺的情緒。從社會新聞可以看到，那些拿槍掃射的人，最後留一顆子彈是殺自己，或是把背叛他的女朋友從十二樓推下去後，自己也跟著跳下去。所有的情殺背後都有一個自殺的企圖，甚至是嚴重的自傷。

像電影《霍元甲》裡，有一幕是霍元甲仇人的義子，得知自己的師父被霍元甲打敗、打死後，去把霍元甲全家殺了，最後也自殺了。那種會採取激烈暴力行為的人，內心的想法是：「我連命也不要了，跟你豁出去，我要跟你們同歸於盡。」當他採取強烈的行為想要置別人於死地，自己也已經決定要死，暴力犯背後有自毀和自殺情緒，有的甚至是在遭到警察圍捕時被打死，或是受到法律制裁。這是內在心理動力學的過程，非常有意思。

75-3

攻擊性導致行動、創造力與生命

（《個人實相》第三一一頁倒數第八行）在所有的暴力裡，都有很大成分的自殺情緒——是創造性的反面。例如在戰爭裡，殺人者和被殺者都被捲入同樣的激情裡，但這種激情並不是攻擊，而是其反面——一種想毀滅的欲望。為什麼在戰場上殺過人的退伍軍人，回到家鄉後自殺率比一般人高？因為他們內在有自我毀滅的傾向，並不是創造性。

要知道，那種想毀滅的欲望，是由一種無力感引起的絕望感覺造成的，攻擊性導致行動、創造力與生命，而不導致破壞、暴力或全面毀滅。這裡的攻擊性是正面的意思，這句話很重要，也是賽斯心法的精髓。有話就要說出來，攻擊性會導致行動、創造力與生命，而不導致破壞、暴力或全面毀滅。

讓我們舉個很簡單的例子，假設在我們社會裡的一個相當平凡環境中有個好人，他被教以男子漢大丈夫就要有攻擊性，但他相信這是指打架，而身為一個成人，他不喜歡打架，他以為攻擊性就是打架，但他是個有教養的成年人，不喜歡打架，矛盾了沒有？因為他不能打他的上司，雖然他也許想這麼做。同時他的教會也許告訴他，當他不高興時，必須再讓一步，做個溫和體貼的好人。因為教會告訴他：「當人家打你的左臉，右臉也要給他打。」不高興時必須再讓一步，做個溫和體貼的好人。

賽斯說這是信念的扭曲，所謂的好人指的是男子漢大丈夫應該要有攻擊性，可是攻擊性又被扭曲成打架，結果變成一個男人必須要有攻擊性，但攻擊性又行不通，於是在日常生活當中，不能去展現攻擊性。

他的社會教他這種溫和性情是女性化的，他一生都在試著隱藏他以為是攻擊的——暴力的——行為。他在隱藏攻擊，壓抑暴力，因為他把攻擊性跟暴力畫上等號。而試著去做一個善體人意的和善人，這種樣板當然是不真實的，和男性與女性被扭曲了的觀念有關，因為他試著如此善體人意，以致壓抑了正常憤怒的許多表達方式。就像我前面提到的那位媽媽，要抓著女兒的手說：「妳爸爸有沒有外遇是我們夫妻的事，跟妳沒關係，要不要離婚我們來決定。」

而那本可用來做為他和上司或家人之間的一個自然溝通方式。本來正常憤怒的許多表達方式要用來溝通交流，結果統統壓抑住了。這些被抑制的反應全部都在尋求釋放，我講過，能量一旦產生，只會壓抑、累積、扭曲、變形，不可回收。所以這些被壓抑的反應，全都要尋求釋放。

如果恐懼自己的情緒，會比表達那些情緒造成更大的傷害

因為攻擊性情感的表現在身體內建立了自然的平衡，同時也作為和別人的一個溝通系統。攻擊性能量的釋放，是作為創造、生命力、行動的基礎，也是我們跟別人之間自然溝通和交流的必要管道。如果不能釋放，就會自我攻擊，導致免疫系統異常，產生自體免疫疾病，包括紅斑性狼瘡、乾燥症、風濕性關節炎、關節疼痛等。像癌細胞去破壞正常的細胞，也是因為攻擊性能量不能釋放。

當這個人的身心受不了時，就很可能以暴力的行為反應，可能突然發現自己在和別人打架，而最微不足道的事也可能變成一個觸機，可能嚴重傷害了自己或別人。通常動物在這方面是比較自然的，因此我們的身心本來相當可以處理攻擊性。我們的身心本來就配備好處理攻擊性。

只有當攻擊性自然的表現被切斷時，暴力才會發生，在這種暴力裡，這個人感覺自己非常的強而有力，像綠巨人浩克一樣。就是因為被壓抑的能量突然釋放的結果，但是那樣的話，這個人就永遠為這個能量所左右了。變成被憤怒所左右，而不是去使用攻擊性能量，即使不想發脾氣，還是一直發脾氣。因為每次發脾氣的過程當中，在宣洩、使用能量，會覺得自己很有力量，但其實是被能量所左右。

沉沒在其中，而消極的被那個能量帶著走。對自己情緒的恐懼，比那些情緒的表達能造成大得多的傷害。很多人覺得表達情緒會造成傷害，可是賽斯說，對情緒的恐懼，比那些情緒的表達造成大得多的傷害，因為誤解了情緒表達背後愛的目的。

因為這個恐懼的強度會愈累積愈多，而接著強化了恐懼背後的能量。這跟很多疾病的成因和突如其來的暴力有關。像今天有個個案為了一件小事就對助理大發雷霆，其實他早就想把那個助理換掉，但從來都沒有表達，於是累積巨大的能量。大家一定要在日常生活中妥善處理攻擊性的能量，因為攻擊性的能量是行動、創造、生命力的基礎，讓我們跟別人能好好的溝通和交流。

不說出真正的感覺，等於拒絕跟別人適當的溝通

75-4

前面提過自然的攻擊性，剛才有位同學分享了一個很好的例子。她說，媽媽叫弟弟來跟她這個姐姐住，過了不久，發現弟弟走的模式跟她前夫一樣，沒有工作，收入不穩定，吃住開始依賴姐姐。姐姐的覺察力出來了，告訴弟弟說：「我之所以會離婚，就是因為無止盡的付出，給自己很大的壓力，也造成別人不為自己的生命負責任。」這就是自然的攻擊性。表達之後，弟弟果然去找工作，而且也找到了。

自然的攻擊性導致行動、創造力和生命，是指在事件發生時，去展現自然範圍的一種情緒。像我常常在輔導有強迫症狀的人，他們通常有一個信念：「我不能跟人家起衝突。」有個強迫症患者說，他從小就有個信念：「己所不欲，勿施於人。」這句話是對的，但後來實行起來的是不跟任何人起衝突，也

不說出讓人不舒服的話。聽起來修養境界很高，最後一定會讓自己很不舒服，因為當別人的腳不小心踩到他的腳，他不忍心提醒對方把腳移開，當人家侵犯他、傷害他，他沒有力量表達，這樣不對。

身為動物本來就有天生的智慧，要有自然的表達。賽斯說，動物有智慧的自然攻擊性是指：「你不要再侵犯我。」目的是為了溝通，維持和平，而不是起衝突。如果過度害怕衝突，從來沒辦法說出感受，一定會有人際關係的障礙，到後來會生病，因為整個內在的能量會壓抑、累積、扭曲、變形。

（《個人實相》第三一三頁第四行）因為我們有意識心，所以在表達攻擊性的方式上，我們有很大的空間。意思是我們有自然的攻擊性，要去表達，可是在表達上有很大的空間。但是動物的遺傳仍舊維持它們的本然面貌，皺一下眉是一個自然的溝通方法，意思是：「你把我惹火了。」或者是：「我生氣了。」如果一個人想皺眉頭時，卻告訴自己要面露微笑，心裡不開心，又覺得不應該露出不悅的表情，硬要自己面露微笑，就是在干擾自己自然的表達。

假設某甲心裡不舒服，旁人問：「你還好嗎？」某甲說：「還好，沒問題。」這就是在干擾自然的表達。或是對別人提出的要求總是來者不拒，也是在干擾自然的表達，因為這是在否認自己的感覺，不知道自己真實的感受，到最後就失落了自己，不知道自己是誰。

干擾自己自然的表達，而拒絕了和對方的一個適當溝通，告訴對方自己真正的感覺。這句話很重要，因為我們常常干擾自然攻擊性的表達，這樣做的時候，跟對方就沒有適當的溝通，別人會不知道我們真正的感覺。

我教的賽斯心法是必須讓別人知道我們真正的想法、感覺，這才是溝通。但是很多人都誤解了，以為人際關係如果要和諧，就是隱藏自己，不能讓對方知道自己真正的感覺，故作神祕，掩飾自己，喜怒不形於色，讓人摸不清真正的喜怒哀樂，彷彿這樣越成熟、有智慧、慈悲，其實是越虛假。這樣的人到最後會覺得很奇怪：「我從來不拒絕別人，也不跟人家起衝突，試圖扮演好人，為什麼總是交不到真心的朋友？」很簡單，因為別人根本不知道這樣的人在想什麼，接觸到的永遠是表面，不知道怎麼跟他們相處。就像是一直不願意透露腰圍的人，別人怎麼幫他挑到合身的衣服。

越文明的社會，人越壓抑自己，會把自己阻隔在所有真實的人際關係之外。所謂真實的溝通必須讓別人知道自己真正的想法、感覺，但也不必矯枉過正，例如對不喜歡的人，如果直接了當告訴對方，這樣就是白目了。

內在感受和身體動作必須維持一致

當一個人總是對我們微笑，那個微笑可以像是個面具，因為我們不知道自己到底跟他有沒有溝通，同時，說話的聲音有它們自己的模式，而自然的攻擊性應該會改變聲音的音調。有些人花一輩子隱藏說話的音調，可是賽斯說，在展現自然攻擊性時，音調會改變。

身體常常表現出許多身體語言，全都是一種創造性與人溝通的方法——作為各種不同程度的示警。每一個身體語言都是自動的，卻又是儀式性的，隨著其自身意義所產生的肌肉動作，這些動作在生物層面上就可以被了解，而且全是建設性的。這裡講的是溝通和表達的藝術，內在感受和身體動作之間的一致性和流暢性。

舉個簡單的例子，如果某乙心裡的答案是「不要」，但動作是點頭，或者心裡「不願意」，嘴巴說出來的是「願意」，此時內心和行動不一致，身體就會很混亂，造成血流、荷爾蒙、神經傳導混亂，身體機能會出問題，功能不再順暢。

另一種情況是內心抗拒，卻用意志力去完成一些事，這種衝突會演變出一種阻礙行動力的疾病，像是急性扭傷或關節炎導致無法行動。以網球肘（即媽媽手）為例，也許內心的訊息是想休息，但頭腦的訊息是：「我不可以休息。」於是，會出現矛盾。

許多身體疾病跟矛盾訊息相關，越明白內在的訊息，越能讓生理現象運作順暢，這就是測謊機設計的原理，例如問某丙說：「你叫什麼名字？住在哪裡？結婚了沒有？從事什麼工作？」如果他的回答都很誠實，生理現象就會很平順，如果回答的不是正確答案，他會緊張，因為心裡的聲音跟口語表達出來的不一致，這個不一致導致生理現象的變化，例如心跳突然從七十幾下變成九十幾下、血壓上升、指尖的溫度改變、皮膚的導電度改變。

經常我們在跟配偶或朋友溝通時，不一定都會說出真心話，如果有一個全世界最靈敏的測謊機，隨時讓每個人揹在身上，那麼大家可能會很訝異，自己講出來的話有多少次其實是言不由衷。

假設有個學員突然走進來，他的背有點不舒服，同學問：「你的背不舒服，要不要去找個坐在牆壁旁邊的人跟你換位置。」他可能會說：「不用了，我應該沒問題。」此時測謊機馬上發出警報，因為他內心的想法是：「其實我想要，但是這樣子麻煩你們，實在很不好意思。」或是有人跟某丁說：「哎呀！妳沒有男朋友，我幫妳介紹個對象。」她可能會說：「不必麻煩了。」心裡想的卻是：「趕快幫我找一個，但是要高富帥。」她擔心把條件開出來，人家會覺得不舒服。老實說，越都市化、越文明、學歷越高的人，似乎越言不由衷。

這些肌肉動作在生物層面上就可以被了解，而且全是建設性的——意在喚起別人的反應以達到一個更新的了解、一個權利的平衡，當一個人有意識的思想干擾了這種過程，他的麻煩就大了。思想干擾內在真正想表達的意圖，於是變得不真實了。有些人覺得：「我怎麼能信任那些陌生人呢？我只會對自己的親人講實話。就算跟朋友相識多年，也不想讓對方知道我對他真正的想法是什麼。」這就是我們現在這個社會的狀況。

75-5

如果不能接受生物性，就無法欣賞自己的靈性

（《個人實相》第三一三頁倒數第三行）動物的行為模式比我們的行為更受限制，在某方面卻更自由且更自動的表達——但也更狹窄，原因在於動物遭遇的事情沒有我們寬廣，除非我們欣賞我們的生物屬性，否則無法欣賞我們的靈性。生物性是指我們的身體、食衣住行、肉體的一切展現，如果不能接受生物性，根本就無法欣賞自己的靈性。

但我也知道，很多追求靈性的人是在貶抑肉體，貶抑生物性就像是貶抑了肉體，貶抑肉體的人，靈性一點也不會崇高。我之前演講時提到肉體感官的快樂，過去修行的錯誤在於，一旦開始追求靈性的領域，就必須放棄、否定肉體感官的快樂，而且覺得肉體感官的快樂很膚淺，比如，眼睛喜歡看美的景物，耳朵喜歡聽悅耳的音樂，嘴巴喜歡吃美味的東西，鼻子想聞好聞的味道，手想摸觸感佳的東西。

賽斯心法沒這麼膚淺，沒有這種分別和相對。賽斯說，肉體感官的快樂是內在心靈愉悅的物質化版本，目的是讓我們嚐一下那個快樂和愉悅，可是肉體感官的享樂永遠只是現象，是末不是本，不要執著或否認任何現象，而是透過那個現象了解心靈的本質。所有肉體感官的愉悅是通往心靈愉悅的必經過程，卻不是終點站，一旦否認這個過程，會找不到心靈的快樂。很多人在追求心靈或修行時，常常說：「我要棄絕肉體的享樂。」這個信念是錯的，他們要明白這只是一個窗口、方便法門而已。

這不是說我們要超越自己的生物屬性，而是說要由對生物屬性全面了解而向前演進，這兩者有所不同，我們不能藉著否定肉體的智慧與經驗，而獲得靈性或快樂的生活，這段話非常重要。由觀察動物，我們可學到的，比由一個上師或牧師——或由賽斯的書——那兒更多，但我們首先必須擺脫掉「我的生物屬性是可疑的」、不值得信任的這個觀念。我們的人性並不是由我們拒絕動物的傳承而升起來，而是建立在它的延伸上。

我們的人性和生物性都是神性的延伸，要接受自己是動物，如果動物的權利、範圍受到侵犯，會有屬於動物的自然情緒表達。必須接受自己的人性、動物性，看到兩者都是由靈性而來。

當我們藉著切斷自己的生物性而顯出我們的靈性時，我們就變得不再是一個喜悅滿足的自然生物，而離了解真正的靈性還遠得很。賽斯說過，如果否認肉體及肉體的慾望，則哪兒都到不了。不要否認肉體的慾望，但不能沈迷，要藉由全面了解而向前演進，因為不可能一直停留在它上面。

75-6

每個人都有自己天生的能量和保護力

（《個人實相》第三一四頁第六行）許多說他們相信思想力量的人，卻對思想這麼害怕而加以抑制，避免任何看來負面或是有害的想法。很多人以為所謂的靈性就是不能有負面、害人的思想。可不可以有害人的思想？可以，自己想想沒關係，不要去做就好。

很多人避免任何負面或是有害的想法，因此連最微細的「攻擊性」表現都被遏阻了，這些人認為思想能夠殺人——就好像被這樣一種衝動所指的對象，沒有強而有力保護自己的能量，也沒有天然的防衛力。

很多個案會說：「許醫師，我不能有害人的念頭，萬一我有了害人的念頭，你又說思想創造實相，那個人被我害了怎麼辦？」我說：「說不定他想害你的念頭比你想害他的念頭還多，你怎麼會覺得你有想要害他的念頭，但他卻沒有保護自己的能力呢？」

也有同學說：「我怕說了真心話後，傷到別人怎麼辦？」我說：「那你就去試試看，對方是不是那麼容易被你傷害。如果你講了真心話他那麼容易受傷，你還是趕快說吧，因為你要訓練他，要不然他早晚也會被別人傷。」意思是說，不要故意講話傷對方，但如果怕說出真心話他會受傷，那麼還是儘早說。

每個人都要開始學習，不要有意且蓄意以言語攻擊、傷害別人，可是很多人會矯枉過正，變得不敢說真心話。我會跟這種人說：「你好善良，可是我發現善良的背後是你覺得別人是一灘爛泥。你怕傷到任何人，所以這輩子永遠不講真心話。」

如果某甲覺得不能說真心話，以免傷人，這時他高估了自己，也低估了別人，到最後無法在這個世界很真實的活著。我不能保證那些聽到真心話的人一定不會受傷，但我會跟某甲說：「你麻煩大了，你周遭的人可能都是一群軟腳蝦，因為你讓他們永遠只能聽假話，沒辦法從真心話當中學習和成長，如果連最細微的攻擊性想法都不能表達，那麼你根本就認為別人沒有保護自己的力量，也沒有天然的防衛力。」

> 此處，常常為了不同的理由，我們發現一個隱藏而扭曲的有力感，這個隱藏而扭曲的有力感是指：「我是如此有力，我可以用我的念頭殺死你，但我拒絕這樣做。」沒有一個人，也沒有一個念頭是那麼有力的。

連佛陀也沒有這種能力，假設佛陀起了一個想要殺死某乙的念頭，而某乙根本不甩他，這個念頭有用嗎？沒有。

不要以為修行人或是會施法術的人，就能以念頭或符咒對其他人造成傷害，沒有這種事，因為賽斯說，不論一個人認為自己有多強，他的念頭也不會這麼有力量，如果光是念頭就可以殺人，我們就不會有人口過剩的問題。

有人說：「許醫師，我怕我有一個對人不好的念頭。」我會說：「你要人家好，人家也沒有好到哪裡去，你要人家不好，就那麼快嗎？」賽斯心法要教大家的是自在放心，很多憂鬱症的人連對別人起一個不好的念頭都不敢，不論修行修到什麼程度，都不能用法術或念力傷害別人，因為每個人自己的力量才是最大的。

每個人都有自己天生的能量和保護力，光是這句話就可以破除所有人的恐懼。有個學員離開了某個宗教團體，該團體裡的人就對學員說：「以前我們會保護你，現在你離開我們了，沒有得到保護，隨時會發生意外。」我說完全沒有這回事，任何團體都可以來去自如，如果對方說離開後會有不好的結果，更要趕快離開，而且告訴他：「謝謝你對我說這句話，但是我相信這句話的力量會回到你自己身上，因為我沒有這個信念。」

攻擊性是創造力炫麗迸發的基礎

每個人都有自己天生的能量和保護力，我們只接受那些符合自己信念系統的意念和想法。如果某丙詛咒某丁，並不是某丙真的有力量，而是某丁相信某丙有力量，每個人只接受符合自己信念系統的信念和想法。

不但如此，我們還有其他的天然保險，也許是超靈、在世或往生的親友，他們的能量隨時在保護我們。除非一個人想死，否則沒有人會死，如果他想死的話，顯然他自己的理由比別人要他死的理由要好得多。最後這句話很幽默，除非一個人想死，不然就不會死，我們說的不只是自我意識層面，而是內在。像我最近輔導一個癌症患者，一直在找他得到癌症之前，有沒有任何想死的念頭，例如覺得人生很苦、壓力很大，或是如果死掉會不會一了百了。通常這些問題的命中率是百分之百。

有個肺腺癌患者在銀行上班，得病前半年坐捷運時，就常有個念頭：「死亡好像不難，現在只要列車經過，我跳下去就死了。」這就是一個隱藏且變形的尋死念頭。我跟他說：「你的肺腺癌就是這個念頭變來的，找到了這個念頭的根源，肺腺癌一定會好。」一切都是能量的運作。任何生病或得癌症的人，在被診斷的前兩、三年內，一定都有類似的念頭：「活著沒什麼意思，死掉也沒什麼不可以，如果可以放下這一切，不知道有多好。」這類念頭跟後來生病絕對相關。

有時候我們以為自殺是不名譽的、消極的，而戰爭是具攻擊性且有力的，其實兩者皆為消極和扭曲的攻擊性。戰爭就是自殺，賽斯反對任何的戰爭，不管理由再怎麼神聖，任何形式的戰爭和殺害人命都是錯的。我聽說有些法官開始聽我們上課的有聲書，我希望他們在台灣推動廢除死刑，因為沒有一個人類有資格判另外一個人類死刑，沒有一個人類該被剝奪生存權，即使再壞都是如此，這就是尊重生命。根本的大原則一定要掌握住，殺人就是錯，沒有彈性，這就是戒律，不管任何理由，戰爭也是錯的，沒有所謂的聖戰，所有的戰爭都是消極和扭曲的攻擊性，以及自然溝通途徑沒有被用到或了解的結果。

我常講，如果兩岸要避免戰爭，很簡單，就是持續交流，更多的了解和溝通一定可以消除歧見，避免戰爭。如果兩岸會戰爭，只有一個可能性：關閉溝通大門，大家互相謾罵。

我們認為花朵溫柔美麗又「善良」，比如說玫瑰花、百合，但每次一個新的花苞開放時，有一種喜悅的攻擊性迸發，一朵花的綻放讓我們覺得多麼震撼，一個綻放的笑容也是一樣。

一朵花的開放，幾乎不能說是消極，而是積極地向外伸展和一種無畏的勇氣，若沒有攻擊性，我們的身體就不能生長了，生長就是一種攻擊性，我們這裡把攻擊性做另一種詮釋，不是攻擊別人，是一種擴大、成長，如果沒有攻擊性，身體就不能生長。

因為體內的細胞會陷在惰性中，攻擊性是創造力炫麗迸發的基礎，這句話一定要記下來，很多人拚命壓抑，最後失去了積極和攻擊性，結果細胞變成癌細胞。如果把所有的力量統統壓抑，不去攻擊，那麼癌細胞會開始發動攻擊。

生命就是要展現，越展現生命力，癌細胞就越沒有生命力。如果沒有攻擊性，我們根本不可能存在。賽斯說，一朵花的開放充滿了生命之美，而這樣的攻擊性是一種美麗的展現，也是人跟人之間和諧的溝通。

第76講

76-1

信念會無意識地透過身體表達出來

（《個人實相》第三一六頁倒數第七行）賽斯書有很多理論，這裡舉了一個實例。今天魯柏接到一個年輕女人的電話，姑且稱她為安琪亞。她是一個可愛的年輕金髮女郎，賽斯想用安琪亞作為一個極佳的例子，來談有意識的信念如何影響人的情緒和行為。

稍微介紹這個女人，安琪亞年約三十出頭，離了婚，有三個小孩，她打電話告訴魯柏，今早她失去了工作，她不是自己辭職，而是被老闆解雇。但還不止如此，在一個禮拜之內，她捲入非常負面的情境及牽動情緒的遭遇中。一個她曾交往的年輕人開始躲避她，一個推銷員當著一大群人面前使她下不了台，好像諸事不順。最近她其他遭遇也似乎都是同一個模式，最後她病了，而且情緒上過度緊張，也許是很自卑，也沒去上班，這個情形終於導致她失去了工作。我們藉由安琪亞的例子做個案討論，很多人也許跟安琪亞一樣，遭遇離婚、生病、失業等事件，這時該怎麼辦呢？

安琪亞告訴魯柏說，她覺得自己是個很差勁的人，無法應付同事或這個世界。當然在那段期間，安琪亞都抱持這種信念。什麼信念？她是一個差勁、沒用的人，無法應付同事或這個世界，心情鬱悶的人會有這個信念。像有些生病的同學可能會抱持著很強烈的信念：「我應付不了這個病，醫生也幫不了我。」有些人覺得自己應付不了一段人際關係或是婚姻，這就是信念。信念並不高深，就只是一個想法而已。

這段時間安琪亞都是懷著這樣的信念，認為自己很差勁，應付不了這些，那些信念都無意識地透過她的身體表達了出來——透過手勢。看到一個人的臉，就知道他表現出什麼信念，因為信念會透過臉部表達，透過手勢、表情和聲調，她整個身體都在預期挫折。這句話很有意思，有的人一早起床，已經等著迎接倒楣的事降臨在身上，因為他抱持的信念是：「全世界還有誰比我倒楣。」既然他認為自己最倒楣，當然所有倒楣的事都去找他，這就是信念。

她整個身體都在預期挫折，而在那些時日，不管發生了哪些事，她都會以那種心態詮釋。悲觀的人不但看不到別人給他的笑容，還會放大別人對他的負面情緒，由此可知，人深受自己的信念和心態影響。

若要改變人生，就從改變信念開始

所有進入安琪亞身心的資料，都經過了篩選、估量，精選出那些會符合並加強她信念的資料。每個人都是對的，因為大家只會挑選符合自己信念的東西，如果某甲覺得全世界的人都在跟他作對，他就會發現真的如此，那是他的信念導致的。如果某乙覺得病不會好，病情當然一直惡化，因為一定是信念先發生。

現在全世界有多少癌症患者自認為對癌症有能力？很少。可是開始修煉賽斯心法後，信念會改變，會認識自己的神性和身體自我療癒的力量，而不會覺得對癌症無能為力。就像之前SARS的時候，很多台灣人都對SARS無能為力，擔心恐懼。每個人會遭遇到自己相信的東西，因為信念創造實相，就這麼簡單。

那段時間，與安琪亞信念相反的資料或事件，就大半被忽略或被扭曲成剛好適合她的想法。有意識的信念把一個人的注意力集中起來導向一個方向，就像導彈，繼而指揮一個人的能量，因此能很快地把意念帶入實質經驗。意念會變成經驗，這句話就是關鍵。

有意識的信念，會把一個人的注意力集中在某個方向，而指揮內我的能量，此時創造力會被有意識的信念導到那個方向，因此很快就把意念變成實質經驗。如果一個人覺得這個世界充滿了不公平，很快地，發生在他身上不公平的事情就越來越多。

我的信念是：「這個世界不公平，對我特別好。」有了這個信念後，慢慢會發現世界真的很不公平，怎麼都對我特別好，因為意念會變成經驗，人就是在學習這樣的創造力，這就是我們的神性和佛性。把意念變成經驗的能力，是眾生所具有的最偉大力量。

而一個人的信念也是一種屏障，信念除了是導彈，也是一種屏障、一種障礙。把有些他不能接受的資料丟到一邊，同時維持他原本信念的整體性，意思是不符合一個人想法的事情，聽到了也不會相信。因此安琪亞沒有看見——或忽略——衝著她而來的微笑或鼓勵，因為她整個人都在預期挫折，根本沒看到有人在鼓勵她或對她微笑。

在某些情況，安琪亞甚至把一些可能是有益的事情看成「負面的」，於是這些又被用來加強她覺得自己很差勁的那個信念。我們一再強調，覺得自己很差勁、一事無成，這是信念，不是事實。如果不去改變信念，再怎麼努力都還是很差勁的人。若要改變人生，就從改變信念開始。

每個人都有基本的獨特性，會透過信念創造自己的實相

後來安琪亞打電話給魯柏，在電話裡，魯柏提醒安琪亞她自己基本的獨特性，以及她正在透過信念創造自己實相這個事實。如果想去輔導其他人或推廣賽斯思想，可以使用這兩句話。首先，讓其他人知道自己存在的獨特性，不管他自認為多差勁、現在是不是失業或離婚，都要告訴他：「天生我才必有用，你一定有基本的獨特性。而且意念會變成經驗，你正在透過自己的信念創造實相。」

魯柏加強安琪亞暫時忘記的一些意念——在其中特別提到她自己真正的價值這個事實；因為魯柏相信安琪亞的價值，安琪亞也知道這點，所以這個正面

信念升了起來而把別的推到一邊去。

輔導別人的目的是強化他對自己的信心，讓他相信自己的價值，看到天性中好的那一面，強化他的獨特性。對孩子也是一樣，最好的教育方法是去信任孩子，讓孩子能信任自己，而不是一直去攻擊、批評，讓他覺得自己很差勁。

當魯柏這樣說的時候，對安琪亞造成了影響。在今天白天的時候，安琪亞已經可以看到兩種信念，而明白這是她對自己抱持的兩種相反意念。她相信自己是獨特而且是好的——同時她也是差勁和壞的。比如，有的人會覺得自己有時候很孝順，有時候又很不孝、很沒用；或是有時候覺得自己的工作表現很傑出，受到老闆賞識，有時候又覺得自己很差勁，什麼事都做不好；有時候覺得自己長得滿漂亮、有氣質，有時候又覺得自己很糟糕。很多人常常都對自己抱持著兩種觀點。

在不同的時候，其中一個信念會渲染她的經驗而把另一個完全排除了。就在這一節上課以前，安琪亞又打了一通電話給魯柏——她了悟到，由於沒有誠實處理她自己有意識的意念，而造成了那些情況。例如，有一位同學夾在兩組信念當中矛盾不已，其中一組信念是，「到底女兒是在乎我，還是不在乎我？

如果在乎我，為什麼只在乎我的紅包，而不想跟我拜年？沒來拜年就是不尊重我，所以別想拿到紅包」，可是有時候又覺得「女兒已經盡力了，她也不是不在乎我」。所以人常常在兩組矛盾的信念中衝突，這時候怎麼辦？

賽斯說，很清楚、誠實地去看到這兩組不同的意念，了解自己是如何面對自己的角色。比如，一個女人在婚姻裡，一方面覺得婚姻很失敗，一方面又覺得自己還不錯，她必須很誠實地看到這兩組信念。這就是覺察，去觀照自己兩組不同的信念，然後整合。

任何矛盾的背後，一定有兩組衝突的信念。像生病的人也是一樣，有一段時間可能很相信賽斯和許醫師的身心靈觀念，有一段時間又覺得：「還是要看醫生，不然大醫院是蓋假的嗎？」好多的衝突。但有衝突沒關係，要去看見，然後很誠實地處理信念。

76-2

每個人都是自己命運的發動者，不是受害者

（《個人實相》第三一八頁第二行）安琪亞曾想離開原先的工作另找一個，卻不敢付諸行動，因此她創造了一些情況，使得離開工作這個決定似乎已非她所能作主。很多人常常做這樣的事，例如心中猶疑不定時，就會被炒魷魚，或是心情很複雜，不知道如何面對時，就會發生意外。

一旦信念強烈衝突，比如，很想離職找另一份工作，卻遲遲不敢採取行動，就會創造一個情況，使得離開工作似乎不是自己能作主。更進一步說，任何非自己能作主的事情，其實都是因為沒有誠實地自我面對。生病也是一樣，為什麼有些人的病一直沒有好？很簡單，根本不想好，可是沒有觀照自己，於是命運看似不能由自己所控制。

看起來，似乎她是那些善妒、不解人意且沒有感情的同事的受害者，以及

一個不肯支持她的上司的受害者。這個世界是公平的，沒有人要害她，現在安琪亞了解到，她並非受害者，而是那些情況的發動者。

每個人都是自己命運的發動者，不是受害者，也是自己疾病與健康的發動者。所有讓人覺得自己是受害者的信念和想法，統統是扭曲的，一定要開始很清楚地看到自己的信念。如果到現在為止，還在想：「生病我有什麼辦法，身體要生病，難道是我能控制的嗎？」「人家要陷害我，我有什麼辦法？」就不必繼續修行了，學習賽斯心法就是要學習創造自己的實相，認識自己的神性，神性就是創造性、創造實相的能力。

請不要當賴皮神，創造了又不肯承認，人是來成就自己的神性和佛性。我再強調一次，神性和佛性很簡單，就是我們創造自己實相的能力，我們每天都活在神性和佛性裡。

安琪亞開始認識到，在那段時間裡，她的感受忠實反映了她有意識的信念，因為她覺得自己很差勁，所以經常處於沮喪的情緒。這樣大家知道沮喪的情緒是來自於覺得自己：「怎麼這麼沒用、這麼失敗。」一直這樣想當然會沮喪，因為情感和感受是從信念而來。

安琪亞陷入自憐與自責中，而這些引起了身體的虛弱，原來身體的虛弱是這樣來的。由於她開始陷入了自覺差勁的想法，而產生沮喪、自責的情緒，因此自責開始切斷了靈魂的能量、身體的健全，內心覺得自己很失敗，接著身體就生病了，所以她完全是身體生病的發動者。

感覺並非一個對事實的聲明，而是對情緒的一個聲明

魯柏在和安琪亞第二次談話的時候——給了她一些非常好的勸告，並把她能使這種感受變得有益的方法解釋給她聽。每個讀者，也能以自己的方式利用這個方法。魯柏勸安琪亞如實接受這些感覺為「感覺」——不去抑制它們。如果現在真的很沮喪，就接受自己的沮喪；感覺很自責，就接受自責的感受。

卻是懷著「它們是對實相的一種感覺而已」的了解去隨順它們。覺得自己很差勁，是對自己的一種看法，現在很沮喪，覺得這個世界沒有希望，只是現在很誠實的一種感受，去隨順這些感覺。

那些感受本身是真實的，表達了對信念的情緒反應，例如下一次當安琪亞感覺自己差勁的時候，她應該積極去體驗那個感覺。這句話很重要，一旦

覺得自己很差勁，不要排除、壓抑、否定這些感受。覺得難過時，要很積極地去感受自己的難過；覺得差勁時，要很積極地去體驗自己差勁的感受；感到很自責時，要很積極地去感受自責的情緒，這就是賽斯思想跟其他修行法門的不同之處。

明白即使她感覺自己很差，並不表示她真的很差，她應該說：「我覺得很自卑。」如果一個人覺得自己一無是處，他得明白這並不代表他真的一無是處，這是感覺，現在只要積極地體驗這個感覺，告訴自己：「這是我的感覺，而不是我真的這麼差勁，兩者不一樣。」

安琪兒應該說：「我覺得很自卑。」同時了解這個感覺並非一個對事實的聲明，而是對情緒的一個聲明，這樣子顯然對她比較有效。如果覺得很沮喪，不需要去否認，要積極地感受自己的沮喪，並且了悟到：「我現在沮喪，是針對我情緒和信念的一種感受，我很沮喪並不代表事實上我真的一無是處。」讓自己去感受，而不要被困在其中。

這樣去體驗我們的情緒，體驗情緒與接受情緒當作對自己存在的一個事實聲明是不同的。請記住這句話，很積極地去體驗自己的每種情緒，包括憂鬱、沮喪的情緒，但不要把情緒作為對自己存在的一個事實聲明。

安琪亞應該問她自己：「是的，我現在覺得很難過，我可能活不下去了，但是我為什麼覺得自己這麼差勁？我一定要覺得自己這麼差勁嗎？」接受自己的情緒，而不是否認情緒本身的有效性。一般市面上所謂的積極思考，也許會教大家去否認情緒，如果否認負面情緒就完蛋了，因為只是把負面情緒壓得更深。如果她否認情緒本身的效果，假裝負面情緒不存在，就永遠不會被引導去質問其後的信念。

這就是賽斯心法高明、有智慧之處。積極地去體驗和感受情緒，然後去找到帶來那個情緒的信念。比如，前面提到有個同學覺得很難過，因為女兒不尊重她，大年初一沒有來拜年，她應該要接受當下的難過，然後質問自己：「女兒不來拜年，就表示不尊重我嗎？」說實話，我也是今天才知道，原來要拜年才能給紅包，像我外甥沒來跟我拜年，可是紅包已經到他手上。

不要否定負面情緒，去積極感受和承認，但是那個情緒是對當下感受的一種聲明，而不代表事實本身，要去質問背後的信念。

在這一刻，安琪亞相信她的生活必然很困難，人家曾經對她說，一個沒有男人的女人是處在一種非常困難的情形，特別是帶著孩子的女人。她相信一個新的伴侶幾乎是不可能找到的，人家告訴她，孩子需要一個父親，而她同時又覺得，沒有男人想與帶著孩子的女人有所牽扯。這些都是限制性信念，他們掉入了信念，把信念當成事實，但對於相信的人就不是信念。

如果有人說：「我學歷低，所以找不到工作。」我會告訴他：「這是一個信念，每個學歷低的人都找不到工作嗎？如果我告訴你，學歷低的人工作更好找呢？而且我還要告訴你，很多高學歷的人反而找不到工作，因為首先公司不想支付那麼多薪水，其次學歷那麼高，人家不敢請。所以低學歷的人反而更容易找到工作，因為你不計較，什麼都肯做，薪水少一點就從少一點開始，不是每個人的薪水一開始就很高。」

低學歷找不到工作，這不是事實，是信念。所有一切都是信念，可是大多數人都把信念當成事實，然後說：「事實就是這樣，我先生就是不跟我溝通，不然要怎麼辦？」很多人都把信念當事實，像安琪亞也是一樣，她覺得：「我一個三十歲的離婚女人，帶著三個小孩，誰會要我？」

危機是信念的結果，只要改變信念，危機就不存在

三十出頭的她覺得似乎青春易逝，而依照這種想法，她無法想像，如果再過幾年還有誰肯娶她。因此，她的信念把她置於一種危機的狀況，這句話記下來，危機是一個人信念的結果，例如擔心孩子沒有未來，這是事實嗎？是信念，因為信念而把自己置於危機的狀況。

只要改變那些信念，危機就不存在了。這句話更重要，只要改變自認為身體會越來越差勁的想法，危機就不存在。身體也會停止對這種壓力起反應，而幾乎是立刻，外在的情況就會隨之改變。所有的擔心都是信念所造成，但是有些人一定會告訴我：「社會就是這樣子，事實就是這樣。」這就是他們的信念，永遠把信念當作事實。我常講，試著改變信念，看看命運有沒有改變、身體健康有沒有改變。

同時，所有的信念都會為對方知悉，不只是透過相當無意識的身體語言，而且是心電感應式的，人與人真正的溝通是心電感應。我們永遠會試圖把自己的意念和外在經驗連起來，我們內在自己擁有的能力都會被用來將信念的形象具體化，不管它們應該是什麼。因而，「適當的」情緒將會被發動，把存在於

我們意識心內的身體狀況帶出來。

我們的佛性就是把意念變成經驗，把相信的變成具體的身體健康。沒有事實，只有信念，改變了信念，危機就不存在，我希望同學反覆思考這句話，不要只是聽，光說不練，如果醫生說：「你只有三個月的生命。」這是個危機，但是危機是信念決定的，改變信念，危機就不存在，身體立刻好轉。

安琪亞的例子要好好消化吸收，這些資料可以幫助大家解決生命中的難局。我再強調一次，佛性和神性就是把意念變經驗的能力，不了解這句話，就不認識什麼叫做佛，所有人對於佛的認識都曲解了。現在最不了解佛的是佛教徒，最不了解神的是基督徒，最不了解身體健康的是醫生。開始認識自己的神性和佛性，把意念變經驗，好好的修行。

76-3

整合了人格的黑暗面才會健康

有個同學提到恐慌症，我們之前也講過很多次。在醫學上，會把恐慌症視為一種自律神經失調，其實自律神經本身不會失調，是背後有一個自己讓它失調，要去思考的是：「在恐慌症背後，有哪一個自己讓自律神經失調？」

一般而言，會得恐慌症的人思考都很細密，會顧慮到每個小細節。有個個案從美國留學回來，他說去電影院看電影，一定要先檢查安全門有沒有堆積貨物、能不能推開，開了之後通到哪裡？先走一遍再回來看電影，如果沒做這件事，就無法坐在那邊看電影，因為他擔心如果看到一半，失火了怎麼辦。

他去任何一家餐廳吃飯，會先去看逃生門在哪裡；一上公車，先看逃生門、車窗擊破器在哪裡，司機旁邊有沒有滅火器、過期了沒有。恐慌症病人的危機意識比一般人高，但這樣一來，就會隨時認為自己處在危險當中，只要身體一有不舒服，馬上會放大。

我最近輔導一個個案，他有個不斷向前衝的自己，想要出人頭地，得到更多名利，於是非常勤奮。可是另一個自己開始擔心：「如果衝過頭了，過勞死怎麼辦？要是血壓一高，腦中風變廢人怎麼辦？突然心臟病發，暴斃怎麼辦？末期癌症死掉怎麼辦？」兩個自己開始發生作用，其實每個人格的背後都有黑暗面。

有本書叫《黑暗，也是一種力量》，我告訴大家，黑暗不只是一種力量，有時候也是一種光明。一旦整合了自己人格的黑暗面，才會健康，如果永遠排斥人格的黑暗面，不是變成精神分裂，就是不斷壓抑。比如，某甲希望這個世界更好，可是當他自己不好而這個世界太好時，他會不會覺得不舒服？此時他還會希望這個世界越來越好嗎？不一定。

若某乙很窮時，會不會希望周遭每個朋友都越來越有錢？不一定，除非他打算跟他們借錢。他會不會有個黑暗面，心想：「如果他們不要那麼有錢，甚至有一、兩個朋友破產，我是不是就不會那麼孤獨，至少有人陪我一起窮困。」這也算是一種黑暗面，這種黑暗面當然要去面對。

很多人以為修行是：「我的人格不能有黑暗面。」一個讓自己的人格不能有黑暗面的人，麻煩大了，因為陽光越強，陰影越深，如果現在烏雲密布，把一本書放在外面，會不會有陰影？即使有也很淡。那些每天都在追求陽光、正面、光明的人，也不能否定自己的陰暗面。黑暗和光明同時存在，有時候光明的力量越強，黑暗的力量也越強，兩個相生相隨，不是敵人，是朋友。不可能只有黑暗沒有光明，也不可能只有光明沒有黑暗，兩者其實都是另一種更大的光明。

很多修行的人以為我們都要正面、陽光，不能有陰影，這會造成人格分裂，不可能只有光明沒有黑暗，兩個同時存在。一個健康的人格不是沒有黑暗面，而是他要認識到黑暗也是一種力量、一種正面，不要排斥黑暗，而是把黑暗變成自己的力量。

恐慌發作是一種內在自我提醒的裝置

恐慌症病人有一個自己不斷向前衝，另一個自己開始擔心中風、過勞死怎麼辦，這兩個相互作用，產生了第三個自己，叫警告性的自己，於是在還沒

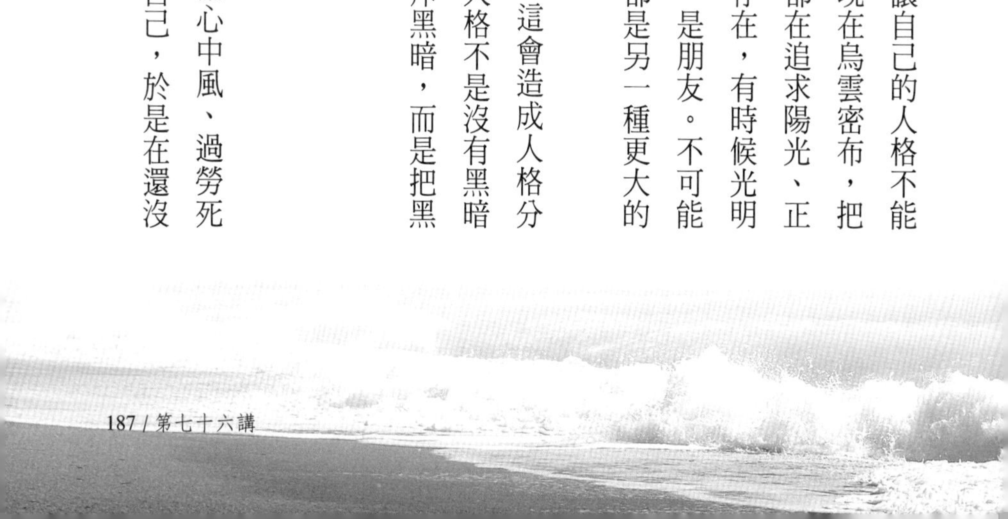

有真的中風之前，就先讓自己頭暈、手腳發麻和冰冷，在心臟病還沒有發作之前，先讓自己心悸，為什麼？如此一來才可以提早發出警訊，強迫自己休息，不要太過勞，別再擔心下去了。

恐慌症的症狀是不是自己創造的？是，每個人自己創造的實相，它是一種內在自我提醒的裝置。恐慌發作時，目的是先模擬，以防止自己一步一步踏入險境而不自知，那是一種人工警報器。這種人格本身的特質很謹慎、怕死、怕生病，擔心自己一病、一死就完蛋了，必須做到萬無一失，每件事都要面面俱到。

我有個個案不能遇到塞車，一塞在車陣當中就會恐慌發作，因為他會立刻聯想：「萬一我現在心臟病發作，救護車沒辦法開進來救我怎麼辦。」他禁不起那個萬一，所以心臟病還沒有發作，恐慌就先發作了，恐慌是發警報，因為如果陷在車陣當中，按照他的邏輯：「假設我現在不發作恐慌，而是直接心臟病發作，我不是死定了嗎。」

另一個個案是不敢坐電梯，擔心電梯卡在當中，如果突然心臟病發作，誰來救他？任何有可能突然停下來的交通工具，他都不坐，包括捷運、公車，因為不怕一萬，只怕萬一。這個人的意識心無時無刻不發出一個警訊：「你在危險中。」那個警鈴非常敏感，輕輕一碰，馬上自律神經失調。是自律神經本身想要失調嗎？不是，是當事人讓它失調，他就是要讓自律神經處於一種超敏感的狀態，以免真的有一天中風、猝死了，自己還不知道。

現在大多數的人類對生命也抱持這種觀點，隨時擔心出意外或突然生病，覺得自己活在不可測的危險中，而不是每天活在恩寵和安全。美國九一一事件之後，在高樓辦公的人，偶爾要看看有沒有飛機來撞大樓。之前英國地下鐵被恐怖份子攻擊，後來在地鐵裡，只要揹包包的人看起來形跡可疑，就可能被當作恐怖份子。

越來越多人把自律神經調到一種過度敏感的狀態，這就是所謂的恐慌症，這類人常常被很多負面新聞嚇到。例如某某人前幾天還好好的，突然中風；某某人前一天在辦公室還好好的，突然暴斃；某某人做個健康檢查，突然發現癌症末期，沒幾天就往生了。這些東西加強了他們身處危險當中的信念，所以意識和潛意識不斷發出訊息。

有些恐慌症病人隨時擔心血壓高，每隔三十分鐘要量一次血壓，擔心：

「萬一血壓一高，我沒發現，不是死定了嗎？」簡單而言，越來越多人相信自己不是活在平安中，擔心災難隨時會發生，在心態上永遠在準備逃難。就像有些恐慌症病人不去擁擠的地方，怕災難發生時跑不掉，人踩人，踩死人；他們也不去太空曠的地方，怕發生事情沒人救他；太狹小的空間也不去，因為萬一火災會吸不到空氣。

這樣的人無時無刻不發出一個訊息：「我在危險中。」後來我告訴恐慌症的人說：「恐慌症很好啊，這些症狀就像是煙霧偵測器、瓦斯偵測器、求救鈴。所以人可以恐慌發作，但是每天都發作不好吧，不要稍微一感受到溫度提升，就馬上噴水，而是真的有火災時再噴水。不必消滅恐慌，只要把敏感度調低就好，告訴自己不是時時刻刻在危險中，就算在危險中，自己也是有力量的。」

76-4

去體驗負面情感，藉由它引導我們找到背後的信念

（《個人實相》第三二四頁倒數第四行）我們的信念系統當然會吸引某一類思想，而這些思想背後，就帶著一串情感的經驗。一大串穩定地釋出、充滿恨與報復性的思想，應該引我們去找那些使它們獲得力量的信念。賽斯說，如果內在累積了恨、報復、嫉妒的情緒，不要藏起來或告訴自己：「我應該當好人、說好話、做好事。」那就麻煩了。

不要隱藏或假裝自己沒有負面情感，而是去體驗，藉由它引導我們去找到背後的信念。比如，那個信念可能是：「我覺得自己比人家差勁，所以人家越好顯得我越差勁。」找出這個信念後，用賽斯心法改變：「他好我更好，我好他更好，而不是他好我更差，所以我不能讓他好。」

很多人小時候的想法是：「我六十分，他八十分，這樣不行，如果他六十一分，我六十分就沒關係。」這是嫉妒的根源，核心思想是：「別人越好，顯出我越差。」可是在這麼強的嫉妒心背後，其實是競爭的想法，如果發現了原來是出於「別人越好我就越差」的信念，就要去檢討這個信念。從賽斯心法的角度去看：「別人越好，我就一定越差嗎？」不見得。

要把信念變成：「別人越好，越能讓我提升。他能考八十分，我才考六十分，如果我跟他做朋友，請他教我，我的六十分就會變成七十分、七十五分。」把他變成六十一分，自己六十分，一點好處都沒有，只是暫時讓自己覺得沒那麼差，可是事實上會一直差勁下去。如果有強烈的嫉妒心，見不得別人好、見不得別人幸福，會像《神鵰俠侶》的李莫愁一樣，看到別人卿卿我我，就想把別人拆散，或是像呂洞賓因為終生未娶，就專門嫉妒有情人。

如果覺得別人的好，對自己是一種提升，就沒有必要嫉妒任何人。像我希望所有的同學越來越有錢、健康、快樂，這樣對我們的思想、對所有人都是一種示範和提升。

充滿嫉妒心時，告訴自己「不要嫉妒」沒有用，因為就是會嫉妒，其背後的信念是，「別人的好，顯出我的差勁」，跟著嫉妒找到這個信念，然後問自己：「這個信念是對的嗎？我真的要繼續相信這個信念嗎？」把信念揪出來，改變信念：「別人好，不見得顯出我的差勁，而是別人的好更能提升我的存在。」心念一改變後，完全不同。

然而我們不能夠藉忽略「思想是有效的引起我們的經驗」這個事實，或藉著把思想掃入一個表面樂觀主義的地毯下。賽斯的東西絕對不是表象，不要表面的樂觀主義，要從深層改變起。不像有些人去參加其他訓練課程，一時很有自信，後來又沒有了。

我們不可能把思想隱藏起來，或掃入一個表面樂觀主義的地毯下，而找到那些信念，這種習慣性的不愉快思想會帶來同類的實質經驗，但我們要檢查的卻是自己的信念系統。為什麼會有一個負面的信念系統？這個信念系統不只帶來不好的心情，還經常創造發生在身上不好的事。不能怪這個世界，不能怪人性本惡，改變的契機在心念，要去找出原來的那些負面信念。

我希望大家從今天起，相信自己是好棒的人，試著讓自己處在好棒的心情，等著好棒的事發生在身上，等不到的時候，主動去做一件對自己好棒的事，努力專心的實踐，就這麼簡單。例如左等右等，發現沒有人買冰淇淋給我吃，還要再等下去嗎？不了，自己掏腰包買。除了等待，還要主動積極的創造，這就是賽斯思想既究竟又積極的地方。

76-5

跟著感覺走，把情緒、精神和身體狀況統一起來

（《個人實相》第三二五頁第三行）我們碰到的「負面」主觀與客觀事件，就是為了促使我們去檢查意識心的內涵。以其自己的方式，那些充滿了恨和報復性的思想也是自然的療癒工具，如果跟隨它們，接受它們是自然情緒的一部分，它們將自動領著我們超越它們自己而變成其他情緒，把我們從恨帶入那看起來好像是恐懼的流沙裡——那是永遠躲在恨的背後的。藉著跟著我們的感覺走，我們把情緒、精神和身體狀況統一了起來。

這段話很重要，感到害怕時，得跟著那個害怕，找出它是從哪裡來。賽斯說，如果碰到任何負面的主觀或客觀事件，也就是發現一件自己不喜歡的事降臨在身上，接下來要做什麼？去檢查意識心的內涵，看看裡面有什麼東西，導致了外面那件事情發生在身上。

假設有個先生堅持要跟太太離婚，這個太太得先決定要受離婚這件事多大的影響，是正面還是負面的影響，什麼性質的影響？首先，決定要受外在事件影響多大的人是她。其次，她要回來問自己：「到底是我意識心裡面的什麼內涵、感受，導致這件事發生在我身上？我是不是本來就把自己視為失敗者，做得再多，也得不到先生的歡心？或是我根本就認為自己不是個有吸引力的女人，還是我早就覺得這段婚姻不適合彼此。」

任何發生在身上的事情都「應作如是觀」，我們總會在外面的世界，碰到內在無形的信念與感受所吸引到的事情，要開始去找發生在身上的這件事，究竟是跟內心的哪一部分對應了，那是屬於自己的思想和感受，與別人無關。就像這個太太不是在先生外遇之後，才覺得自己是失敗者，而是她內心早就隱藏著巨大的自卑，所發生的事情是要讓她去檢查意識心的內涵。

我一直講，借外觀內，應作如是觀，然後直下承擔，才會有更多的創造力，而不是讓自己處在痛苦、矛盾、迷迷糊糊的無明當中。真正的無明是不了解我創造我自己的實相，這就是無明唯一的定義。

恨和報復的思想，都是一種自然的治療工具

恨和報復的思想，都是一種自然的治療工具。很多人生病後，聽到別人說：「你會生病就是因為有負面的思想，不要再產生負面思想，病就會好。」導致他們更害怕負面的思想，把它藏起來，反而更慘。解鈴還需繫鈴人，如果知道疾病是由負面思想所造成，那麼治療疾病也要從負面思想開始。

生病是因為有負面思想的說法雖然沒錯，但只把身心靈觀念學了一半，沒了悟到更深的層面。其實負面思想會造成疾病，也會治療疾病，水能載舟、亦能覆舟。當下知道了原來自己的病是從負面思想而來，不要直接否定，而是把它找出來，看看到底有哪些負面思想、負面情感，讓它全部湧現，跟著負面情感找到負面信念，一次出清，這樣自然的治療法就完成了一半。一旦負面思想、負面感受流過自己，過去因為不通而產生的腫瘤，現在通了，腫瘤會慢慢消失。

如果有巨大的憤怒，更應該讓憤怒的洪流湧現，身體的能量立刻倍增，找到源頭再去改變，這叫做自然的治療法。我們一直在講身體會自我療癒，但是身體的自我療癒也要搭配賽斯心法，啟動自我療癒的功能。

如果跟隨恨，自然就會超越恨。恨是來自於恐懼，害怕被捲入恐懼的流沙中，所以用恨來掩飾自己的恐懼。藉由跟著情感走，身心靈會統一，不要再否認情緒了。比如憤怒時，身體處在一種憤怒的亢奮狀態，背後的心靈源源不絕地提供憤怒的能量，那麼在憤怒當中，提升了自己存在的層面，最後會進入一種平靜。

生氣時，我不會告訴自己不應該生氣，也不會否定憤怒，我都是讓暴風雨走完自己，雨過天晴，得到真正的平靜，但我們的戒律是不得傷害別人。表面上越平靜的人，腫瘤越兇惡，因為他們在搞自閉，沒有拿出自己的力量。真正的平靜有時候是藉由憤怒把身心靈統一在一起，憤怒就不只是憤怒，而會變成平靜，那時候的平靜，才是真正的心安。

第77講

77-1

讓內在的情感流動起來，就不會阻塞而生病

（《個人實相》第三二五頁第七行）當我們試圖反抗或否定感受，就是把自己與真實存在分開了，因為否定、反抗了自己的感受。像剛才教大家那樣子去處理思想和情感，至少把我們穩穩地扎根於當下經驗的完整性，就不會很虛偽，產生無力感，會穩穩地扎根在當下經驗的完整性。

而容許經驗天生的流動。不通則痛，情緒不通會阻塞而導致疾病，因此情緒要開始流動。和自然的創造力推向一個治療性的解答。原來我們一直以為讓人生病的負面情緒，卻也是最大的治療法門，負面情緒本身不是毒，是要幫我們把身上累積的廢物和毒素排掉，多讚啊！

當我們排斥這種情緒，或者對情緒感到恐懼，就阻止了情感持續不斷的流動——因為我們建立了水壩。如果一個人說：「我不應該憤怒、嫉妒、隨便發脾氣。」他是在排斥自己的情感，對情感產生恐懼，覺得自己怎麼會這麼歇斯底里，此時就建立了一個產生阻礙的水壩，不管背後的情感是愛還是恨，都會被阻塞。

比如，有些失戀的人其實心中有著很強烈的愛，但對象是別人的老公，只好告訴自己不能愛，但又阻擋不了自己的情感。情感阻塞了，就會產生效應，於是大病一場。

任何情感，如果我們誠實地體驗它，就會變成另外一個。這句話是動態靜心，意思是情感一流動，自然會變化。例如媽媽生氣孩子晚回家，是因為她害怕孩子在外面發生危險，自己沒辦法救他，或是擔心社會如此黑暗，孩子保護不了自己。媽媽生氣的背後藏著恐懼和深深的無力感，一旦面對了情緒，就會找到另一個情緒，因為宇宙永遠是相通的。

任何的感受，不管是暴怒還是恨，只要誠實的去體驗，甚至會是一種動態靜心的過程，變成另外一種情感，憤怒會變成愛，愛會變成平靜。愛是大海，認真體會一切的情感，一定會回到大海，所以不要害怕任何的感受。賽斯講過，有時候強烈的感受一來，人會讓自己短路，然後封閉它，但是不要封閉強烈的情感，情感是偉大的創造力量。

不然的話，我們就阻塞了整個系統的自然流動。情感系統要自然流動，身體系統也是，一旦阻塞，會開始生病。情感越流動、越自在的人，身體一定是百脈暢通。像有些同學淋巴回流不好，其實不是淋巴回流不好，而是沒有去表達自己的情感，一再壓抑內心的熱情。

只要能讓內在的情感流動起來，血液循環和淋巴循環都可以獲得很大的改善。很多老年人怕循環不好、中風、心臟塞住，結果去吃通血路的藥物，這些東西都不會有用，循環不好的原因是年紀大的人學會了掩飾自己的感受，不像小孩子很自然，想哭就哭，想笑就笑，沒有任何的隱瞞，情感自然流動，所以百脈暢通。

年紀大的人一樣可以衝動，但不要只是一時衝動表達情感，而是要一直衝動，如果情感可以源源不絕地表達，大腦的腦細胞循環、心臟循環、手腳循環都會很暢通。可是我們經常都在搞情感及感受的自閉，有太多的內心情感沒有釋放，因為我們學會讓自己活在冷酷的社會裡。

最近有位學員之所以會生病，是因為他是個真性情的人。我相信他在工作崗位上一定適應不良，因為在這個社會裡，人多半只顧自己的生死，自私自利，不能表達太多，但他就像打不死的蟑螂，好管閒事，所以在現實生活中會受很多傷。最後他得到一個結論：「一定是我有錯。」但是如果他改變念頭想：「萬一錯的不是我，而是整個世界呢？是不是這個世界太冷漠、太疏離，而不是我太熱情、太親切？」這個觀念很重要。

我從不覺得是這個世界對，而我是錯的。當年我一看到賽斯思想這麼好，心中只有一個念頭：「不管社會再怎麼認可的權威，我都不在乎，我只想把這麼棒的東西說出來，才不管社會肯定了多少。萬一是整個世界錯了呢？」

以前有個先知告訴大家，地球是圓的，不是方的，可是其他人都不這樣認為，後來，探險家麥哲倫率領船隊航海繞世界一周，這就是開創者的精神。我告訴大家：「環境適應不良不是你的錯，也許正好是你對，有時候不是你要改變去適應環境，也要環境改變來適應你。」

我的人生法則不是在世界裡求生存，而是世界要讓出一條路給我走。不只是我，而是所有同學都一樣，不要像小媳婦一樣委屈求全，要世界讓出一條路，開創屬於自己的實相。

感受恐懼引起的身體效應及其伴隨的思想，就能解除恐懼

當我們面對恐懼，並且感受到恐懼在身體上引起的感受。面對恐懼時，要很真實地面對感受，不要逃避，因為很多人會逃避恐懼，遇到害怕的事假裝自己不怕。恐懼不只是一種情感，它有身體上的效應，例如會手抖、心跳加速、體溫降低、頭皮發麻、喘不過氣。在面對恐懼的情緒時，同時得感受到底恐懼落實在身體上會怎麼樣，是不是會造成一些自主神經的問題，會不會引起身體的某些狀態出現。

以及與恐懼同行的思想。恐懼不只是一個情緒，也會伴隨著思想，甚至心裡想：「人家是不是知道我的祕密了，會不會覺得我是大笨蛋或覺得我是大惡狼？」

那麼，恐懼便自動解除了，多有智慧的話啊！很多人問：「面對恐懼怎麼辦？」我會回答：「就去面對恐懼，因為面對了，恐懼會自動帶來它自己的解除。」持續恐懼不安的人，是因為沒有持續面對，直到它自動解除為止。有些同學問我：「老師，我害怕怎麼辦？」我說：「繼續害怕。因為當你害怕時，

要同時感受身體有沒有在害怕，體驗害怕的情緒在身體上會呈現出什麼效應，而相隨的思想又是什麼。」如果誠實面對這個情緒，那麼情緒會自動帶來它自己的解決。

在這障礙背後，有意識的信念系統將被照亮，身心靈統一時，將覺悟到，我們之所以有某種感覺，是因為我們相信一個概念，而這個概念會導致此種反應，並使之合理化。這就是真正的身心靈修行，如果有恨，要好好的面對，看看恨有沒有伴隨著生理效應，例如恨的時候會緊握拳頭、發抖、咬牙切齒、鼻孔噴氣，全身肌肉緊繃想踹人。如果情感沒有真的流過，讓每個情緒走完一圈，可能會得到關節炎或是做夢會磨牙。

以高血壓為例，是一個人焦慮、緊張時，血壓升高，可是沒有把情緒釋放完，一直讓情緒留在頭腦及心境中，血壓一直居高不下，吃再多藥也沒有用。真正要找到的是，那個情緒本身在哪裡、情緒帶來的身體覺受是什麼？例如快樂、憤怒、恐懼時，身體分別有什麼感覺？澈底體驗每種情緒、其伴隨的身體感應，以及背後的信念系統，把這三個統合在一起，藉由這個過程，可以治療百分之八、九十以上的心理疾患和身體疾病。

生病就是因為情緒系統阻塞，身體相對的表達沒有呈現，以及背後的思想信念沒有轉化。如果我們以此主題開工作坊，第一天要完全感受情緒，第二天感受那個情緒帶來的身體感覺，像是想到這輩子最痛恨的那個人，心跳是不是會變快，有沒有開始用鼻孔呼吸、咬牙切齒、握緊拳頭？第三天感受其背後的信念，第四天再做整合的功夫。

77-2

越接近自然、真實讓情感流動的人，會越健康

（《個人實相》第三二五頁最後一行）如果一個人習慣否定任何情感的表達。很多人不敢表達情感，例如很多腎臟病患都不敢表達不滿的情緒，因為他們害怕衝突、對立；很多肝病患者努力工作，善盡職責，但不敢表達愛，因為愛被阻塞了；至於肺病則是在愛的接收方面產生困難，否定自己接受愛的能力。

由此可知，很多人習慣否定情感的表達，從來沒有好好的把情感當作好朋。其實每個人內心都隱藏著巨大的情感力量，卻沒有好好的自我面對。情感力量是我們生而為人所能體驗到的最強大的自然攻擊性。即使如此，身為人類的我們體驗到的情感還只是一小部分，像賽斯那類的存有情感能量更大，甚至可以創造出一座山或是強烈颱風和暴風雨。很多人害怕自己情感的強烈表達，從來沒有學會如何使用這份能量。

如果一個人習慣否定任何情感的表達，到那個程度，就變得不只與身體——而且也與有意識的意念疏離了。經常否定情感的人，會跟情感的對應物，也就是身體慢慢疏離，接下來，對自己最切身的思想不再熟悉，覺察不到自己在想什麼。

因為他會把某些思想掩埋起來。有的人專門把自己的思想掩埋起來，看起來很假，即使他在說好話，也不知道是真還是假，讓人覺得很不真實、不自在，可是又不知道他哪裡不對，他自己也覺得在做好事。

有人會把某些思想掩埋起來，而穿上生物性的冑甲來阻止自己實際地感覺到那些思想對身體的影響。後來身體生病了，卻覺得自己沒有問題，或是血壓上升、手在發抖，但是感覺不到害怕的情緒。

以帕金森氏症病人為例，年紀大的時候手開始抖，問他說：「緊不緊張，有沒有煩惱，會不會恐懼？」他會回答：「統統都沒有啊！」因為他根本不知道自己在緊張，早就把所有緊張的情緒深埋在大腦細胞裡，導致整個腦細胞出問題。因此這個病的問題不是老化，而是背後隱藏著巨大的害怕情緒，但早已學會掩埋真正的感受，到最後人變得跟身體疏離，連自己生病都感覺不出來。

部分原因也許是來自於童年，有些父母教孩子要掩飾自己的感受，不能在大家面前哭，也不能在眾人面前表達自己的感受或緊張的情緒。有時候我請同學上來分享最近的感覺，有些人會說：「你要我講什麼，我哪有什麼感覺？」他們不是沒有感覺，而是從小到大沒有學會在大家面前表達，或是即使覺知到自己的感覺，也不會表達出來，他們認為那是屬於個人的事。

得到腎臟病的人可以想想：「對別人有不滿的情緒時，每次都會說出來嗎？」不見得，因為怕說出來會惹麻煩。如果想要痊癒，就要練習表達情緒，不要生悶氣，而且要覺得表達情緒是安全的，問自己：「我為什麼不想讓別人知道？」答案就在自己心中，或許是怕衝突、怕別人生氣或是怕傷害別人。要誠實面對這些想法背後的信念是什麼，沒有對錯，自己想清楚就好。

學會表達真實感受是成長過程中的必修課，家裡發生不好的事情，不一定都會跟別人說，因為會擔心：「這麼丟臉的事要怎麼開口，夫妻離婚要跟人家說什麼。」我不是要同學去大肆宣揚家醜，但是如果連自己都不願意去面對，不願意跟好朋友吐露心聲，那些感受累積起來會變成疾病。越是什麼話都可以說出來，就越不會生病，這叫天真爛漫；越接近自然、真實地讓情感流動的人，會越健康。

身和心是統一、自我調整、療癒及自我進化的系統

在每一個例子中，答案總在我們個人的信念系統內，一切的答案盡在心中。在那些我們心底深處持有的概念內，一開始的壓抑也就是從這些強烈的概念而來。如果一個人發現自己在一種精神的狂亂中，坐立不安，心神不寧，歇斯底里，沒頭沒腦地亂竄，試圖去壓抑每一個進入腦海的負面念頭，那麼問一問自己，為什麼如此相信自己最微細的「負面」想法有巨大破壞力。

為什麼人會恐懼一個最細微的負面想法帶來的偉大破壞力，為什麼如此害怕任何一個小小的念頭，而必須壓抑它？其實強迫思想就是這樣來的，有強迫症的人不容許自己有任何小小的負面念頭，於是拚命壓抑，可是壓抑到最後，會覺得後面躲著一個大撒旦，原來撒旦就是一個人壓抑了自己的負面思想和念頭，能量集結後的產物。我常覺得這世界最委屈的就是撒旦，因為彷彿將一切的罪過都推給他，當事人就可以不用為自己負責，真是沒天理啊！

身和心在一起的確顯示了一個統一、自我調整、療癒、自我進化的系統。

身心靈本來就是統一的，是自我調整、自我治癒及自我進化的系統，只有當我們阻礙了它，才會開始出問題。

在其內，每一個問題如果被誠實面對，都會含有自己的解答，問題的背後就是解答。每一個症狀——精神或肉體的——都是對在其後衝突的解答線索，而在當中含有它自己療癒的種子。每個身心疾病治癒的種子就在症狀的背後，解鈴還需繫鈴人，如果不去阻礙，身體會試圖治療心，心也會試圖治療身體。如果兩者都失調，靈會跑出來提供一股平安的力量，這就是我們一直在講的自我療癒系統。每個症狀的背後都蘊含著自己的解答，關鍵在於必須誠實的自我面對。

77-3

建立起什麼信念，就會吸引什麼思想

（《個人實相》第三二六頁倒數第五行）的確不錯，愛、樂觀與自我接納的習慣性想法比相反的思想對一個人要好些。賽斯沒有說負面想法比正面想法好，正面、樂觀、積極的想法的確是比負面想法要好。

但同樣的，一個人對自己的信念會自動吸引與他的意念一致的思想，建立起什麼樣的信念，就會吸引什麼樣的思想。覺得自己不夠好的人，就會有不夠好的細胞；覺得自己是功能低下的人，就會有功能低下的關節、甲狀腺及免疫系統；覺得自己是失敗的人，就會有失敗的細胞。因為思想會變成細胞，所以一定要誠實地面對自己，否則任何西醫的治療法不會有用。

在愛裡有與在恨裡一樣多的自然攻擊性，而恨是這樣一個正常力量的扭曲，也是一個人信念的結果，恨不是必然的，恨是信念的結果。自然的攻擊性能夠淨化，非常有創造性——且是所有情感背後的推動力。不管是什麼樣的情感，背後都有自然的攻擊性，本身可以淨化身體系統及心理，而且具有創造性，把我們帶向真正健康、平靜的身心狀況。

兩種方法找到自己的信念：寫下不同領域的信念及情緒回溯

有兩種方法可以助我們了解自己有意識的信念，最直接的方法就是與自己有一系列的談話，把自己在各個不同領域的信念寫下來。這裡賽斯提供兩個方法，教大家如何找到自己有意識的信念。有個同學提到朋友罹患了攝護腺癌，此時就要開始寫下：「癌等於什麼、對癌的看法是什麼？」這就是他的信念。

比如，想探討對男性的觀點，可以問自己：「男性代表什麼、男性等於什麼？」想了解性的人，可以問自己：「對性的信念是什麼、性代表什麼？」想了解對金錢的信念，一樣可以自我對話：「錢對我而言，代表了什麼？」或是「好工作對我而言，代表了什麼？」婚姻失敗、身為一個老師或校長，對你而言代表了什麼？找出信念，與自己有一系列的對話，寫下自己在不同領域裡對自己的看法。

如果想了解對孩子的看法，就寫下：「兒女對父母而言，代表了什麼？」例如，「兒女是父母的心肝寶貝」、「兒女常常是父母最大的痛苦來源」、「父母需要時，兒女常常不在身邊」。寫下來之後，會發現矛盾之處。其實在任何一個領域裡，每個人都有很多的矛盾，關於健康、老年，抱持的信念是什麼？統統寫下來，好好的自我面對，就會清楚知道自己的每個情緒。

有的人覺得婚姻是負擔，每天回到家總是莫名其妙發脾氣，對孩子沒耐心，發完了脾氣又覺得後悔、難過。關鍵在於從來沒有找到真正的信念，之所以對孩子發脾氣，是因為覺得孩子是追求事業前途的負擔。如果找到了信念，就不會對孩子「莫名其妙」發脾氣，而是「理所當然」發脾氣，因為他本來就覺得孩子是負擔，當然會發脾氣。孩子乖的時候，會好過一點，不乖的時候，簡直無法忍受。

我們在人生的每個領域中，一定有很多矛盾衝突的信念，結果總是處在情緒的波瀾起伏中，但每種情緒絕對不是莫名其妙而來，身上的病也都是其來有自，一個人為什麼會得到某種病，不用問醫生，醫生不會比當事人更清楚。透過我教大家的修行法門，不用問別人，自己統統都知道，因為答案就在生活、感受、思想裡，我要把大家導向這種覺察和開悟的道路。

而將發現，自己在不同的時候相信不同的事情。孩子乖的時候，覺得簡直是天使，相信人性本善；孩子不乖的時候，覺得簡直是惡魔，相信人性果然本惡。這樣的矛盾會讓自己嚇一大跳。

比如，我的病人跑去跟某甲說：「我的病好得很快。」此時某甲會覺得：「許醫師講的真對。」下次換成某乙對某甲說：「我怎麼做都失敗。」某甲就覺得：「哎呀！許醫師在胡說八道。」我到底講得對還是胡說八道並不重要，關鍵是某甲自己每天都在矛盾，變來變去，他的信念出了問題。

常常會有顯而易見的矛盾，以婚姻為例，每個人要去找自己對於婚姻的信念，婚姻是代表幸福、衝突還是束縛？找到那些矛盾衝突的想法。這些代表的是調節自己的情緒、身體狀況和實質經驗的那些對立信念，因為信念會創造出情緒、身體狀況及每天發生在身上的事情。

檢查這些矛盾，那些看不見的信念就會顯出來，它們把那些似乎不同的心態統一了起來，看不見的信念只不過是那些我們完全覺知卻寧願去忽略的信念，因為它們代表某一些我們到現在為止還不想去處理的爭執領域。

比如，身為父母的人，到底是愛「孩子」、「孩子的成就」，還是「自己的面子」？這些內心的衝突要好好去面對。但下面這句話給大家一個很大的保證，一旦決定去檢查自己意識心的全盤內容，所有一切都會水落石出，絕對跑不掉。只要下定決心想要去看見，努力去找，一定都可以找到答案。

如果對一個人而言，這個方法好像太理性了，那麼賽斯提供另一個方法，也可以由情緒回溯去找到信念。跟著風箏的線去找風箏，因為情緒是信念的線索。比如，一個人看到比她年輕的人，總是會生氣，其背後的信念是什麼？很簡單，年輕代表美好，而自己已經年華老去。若某人看到事業成功的人，總是會保持距離，其背後的信念是事業成功代表這個人很成功，而他自己事業不成功。因此，看到什麼會生氣，就代表背後一定有個信念。忠實地追隨情緒走，直接自我對話就可以找到信念。

不管怎麼樣，不論選哪一個方法，其一就會把我們導向另一個，這兩種方法都需要我們對自己的誠實，和跟自己目前在現實精神、心靈和情感上的一個很實在的接觸。打定主意要自我面對，先找到信念系統，觀照信念、情緒，下一步會觀照到身體，接著會觀照到人生，然後一切都會清楚、明白，這就是真正的修行。

77-4

情感作為情緒有其存在的價值，卻不一定是關於事實的聲明

（《個人實相》第三二七頁倒數第七行）賽斯舉過安琪亞的例子，三十多歲的白人女性，離婚帶著三個小孩。就如安琪亞那樣，一個人必須如實接受自己的情感，而同時了悟情感是與某種問題或情況有關，而不必然是對現實中一個事實的聲明。這句話的解釋就在下一句，比如，「我覺得自己是一個差勁的母親」，很多人有這樣的感覺，很真實，或「我覺得自己是一個失敗者」。

假設我們上課時，某位同學問了我一個問題，覺得當眾出糗，就想：「我真是一個笨學生。」請不要把這件事當作事實，而是要當作當下心境的呈現，兩者不同。再如，某甲覺得自己是差勁的母親，因為孩子每天都在外面鬼混，打電動，功課一塌糊塗，或是某乙是個有頭有臉的人，先生卻在外面搞外遇，她覺得自己的地位和名聲毀於一旦，有這種感受怎麼辦？這些是情緒化的聲明，應該如是去接受，應作如是觀，認清當下就是有「覺得我很失敗」的情緒，但不要當它是一個事實。

把這個情緒當作是自己當下心境的寫照，但並不是百分之百的事實。比如，某人剛被一個女人拒絕，他覺得自己是個又老又醜的男人，這是事實嗎？不要當它是事實，只把它當成當下心境的寫照，卻不是必然的事實。

然而我們要了解，雖然情感作為情緒有其存在的價值，卻不一定是關於事實的聲明，一個人也許是一個非常好的母親，同時卻覺自己做得不夠好；她也許在達成自己的目標上非常成功，同時仍認為自己是個失敗者。很多人常常把一時的感覺當作事實，然後讓自己很淒慘。

假設自認為很糟糕，做什麼都失敗，此時要想：「換另一個人來做，不見得做得比我好。」而不要想：「任何人來做都做得比我好。」了解當下的情緒，但不要把它當事實。例如先生一天到晚外遇，太太可以暫時覺得有段失敗的婚姻，有失敗的心情，但自己真的是個失敗的女人嗎？不是。她可以想：「我把男人養得白白胖胖，還有體力去外遇，也不算是失敗嘛！那個女人果然有眼光，看上了我的男人，他果然還是有價值的，人人搶著要，再次肯定了我的價值。」這樣想也很快樂。

老人不等於沒有用，要為自己找到快樂和價值

最近有個讓我很感動的例子，一位八十歲的老先生以前每個月都到我門診拿藥，有一次他來講話聲音有點沙啞，我問他為什麼，他說：「我好幾天都沒有跟人說話。」他是獨居老人，只有一個獨生女，已經結婚，住得滿遠的，不常跟他通電話，也沒有去看他，他擔心萬一自己死在家裡好幾天，都不會有人知道。

我說：「你可以改成兩個禮拜來看一次門診，至少有人跟你說說話。」他答應我兩週來一次。上個月他告訴我：「許醫師，其實我內心有個很大的祕密，有一個我愛的人飄洋過海到了美國，我日夜思念她，但是一、二十年都沒有聯絡。許醫師，我八十歲，沒什麼用了。」我問他：「中華民國法律有沒有規定八十歲是沒有用的人、老人不能找快樂？」他說沒有。

上週他來門診，跟我說：「我回去深思你說的話，法律果然沒有規定我要每天在家等死，過得那麼沮喪，我決定要出來賣蔥油餅，每天賺個五十、一百

元也甘願，至少出來可以看得到人，跟人接觸，推個小攤子，練練體力也不錯。」我聽了之後很感動，一個八十歲的獨居老人終於決定走出來。我不敢說我帶給他什麼，至少他的生命因此而有了光亮、希望，不再是每天從早到晚在家孤獨等死，這類的例子讓我覺得很窩心。

77-5

跟著自己的感覺走，情緒會帶領我們找到背後的信念

（《個人實相》第三二七頁最後一行）藉著認識這些區別，這個區別是當下承認自己的感受，例如承認自己是個失敗的媽媽、失敗的男人，但是告訴自己：「這是我當下心情的寫照，不代表事實。」

找到這個區別，並誠實地從頭到尾跟著自己的感覺走——換句話說，藉著順應這些情緒——我們會被領到在情緒背後的信念。我每次跟大家分享一些例子，都會引領我回到一個信念：「我的確能把所學的東西幫助很多人，縱使只是小小的幫助，都很開心，越學越有樂趣。」在日常生活中不斷實現，這樣的過程不可避免會導致一連串的自我發現、自我覺察、自我了悟，而其中每個都會把我們導向更進一步的創造性心理活動，每一個階段，我們都會前所未有地更接近經驗的實相。

一旦我們越來越成長，賽斯心法越來越熟練，當意識心變得愈來愈覺知自己對事件發展的影響時，意識心會說：「原來我往東，影子就跟著我往東；我往西，影子就跟著我往西，原來我的人生只不過是信念的跟隨者。」那時候就會知道這就叫解脫。人生跟著信念走，意識心會找到自己的力量。達到這一步時，就不會再問我：「許醫師，我的情緒就是會莫名其妙低落、沮喪，怎麼辦？」沒有「莫名其妙」這四個字，跟著沮喪低落的情緒，去找出背後的信念，同時感受到身體的覺知，然後當下告訴自己：「這個信念不代表對事實的聲明，而是代表我當下心情的寫照。」只要當下改變意識心的信念，當下的情緒、身體就會改變，進入覺悟的狀態。

很多問題不是不能問，而是提問的那顆心根本是未覺悟之心，結果問出來的問題只不過讓自己更迷惘，就像有些人會說：「我的腫瘤要長，有什麼辦法？」透過了修行要說：「要它長，它就長；要它消，它就消。」因為意識心認識自己了，這就是實習神明具有的四大能力：愛、智慧、創造力、神通。

請大家以實習神明的角度看自己、父母、小孩及世界所有的人，慢慢地，每個人會成就自己的神性。在賽斯心法裡，我們認識到自己是實習神明，並且去說一些話、做一些事來證明自己是，然後把這樣的信念傳給周遭所有的人。

以後不再需要任何的宗教，只要找到了內心的神性，成就自己的佛性，就是真正偉大的宗教。以這個角度看自己，看身上的每顆細胞，那些細胞都是具有神性的細胞，不要再用低級、脆弱的想法看它們。

當意識心找到自己的力量，就是身心靈的統一

當意識心變得愈來愈覺知自己對事件發展的影響時，會得到很大的益處，意識心會發光發亮，它就不再害怕情感或身體，意識心不會害怕負面的感受，也不會擔心身體莫名其妙生病、中風、得癌症、出意外，因為它知道如何運用自己的力量。也不會把那些事情當作具威脅性或不可預料了，甚至不會再恐懼天災人禍，因為意識心找到了自己的力量，而感覺到自己捲入一個更大的統一裡，就是身心靈的統一。

當我以醫生的角度了解賽斯思想時，真的只有兩個字可以形容，叫「狂喜」，比得到十個諾貝爾獎更大的狂喜，我真的是以傳福音的心情，把平安和幸福帶給大家，這就是我的心念。

如果這樣做，情感不會再覺得自己像繼子女一樣，只有打扮最得體的那個才會被人接納。賽斯很幽默，這句話諷刺了很多派別，很多派別說：「不要有惡念、不要有負面情緒、不要有憎恨心。」其實是因為他們還不夠了解，情感不再覺得自己像養子女一樣，只有穿得漂漂亮亮，才會被承認。

它們不需要爭取表達的權利，越否認什麼情感，那個情感就越多，養子女會越想出頭。如果按照這個方式修行，因為它們將會完全被接納為「自己」這個家庭的一分子。現在，同樣的，有些人會說自己的問題是個人太情緒化、太敏感，可能相信自己太容易被動搖，其實，在這種情況下，他們是在害怕自己的情感，認為它們的力量是如此之強，以致可以淹沒所有的理性。他們害怕情感淹沒理性，害怕自己失去理性。

有時候我會開玩笑說，失去習慣了就沒那麼害怕了，一回生，二回熟，慢慢就不會那麼害怕。若是越用理性控制行為及情感，有一個特徵是會經常做惡夢，因為情感及情緒在白天沒有出口，只能在夜間表露出來。年輕時用理性壓抑感受，到老年時就慘了。

賽斯不是要大家做非理性的人，而是理性和情感攜手並進，共同創造。有

點像是執政黨和在野黨要慢慢磨合，而早晚大家也要知道，兩岸絕對不是走對抗的道路，一定要合作，因為世界以合作為本質。

第78講

78-1

負面情緒本身不會讓人生病，阻隔、否定、壓抑它們才會出問題

情緒一直是流動的現象，可是對於有分別心的自我而言，通常會阻隔或害怕某些我們覺得負面、不好的情緒。我說過，其實情緒本身是一種自然的攻擊性，任何情緒都是要讓我們去接納、了解，而且能自然流動。

任何情緒的背後都隱含著創造力，但是有時候在表達情緒時，會害怕自己不能接受某些負面情緒，或是擔心表達出來會傷害別人，因而把內在真正的情緒阻隔起來，此時就開始了身心不平衡的過程。這時候只要告訴自己：「我沒有必要害怕所有的情緒，可以把它做為一種宣言與表達。我試著表達情緒，但不是要去傷害任何人，而是讓對方了解我的感受。我不是在訴說事實，只是訴說我的感覺。」

（《個人實相》第三二八頁第九行）不管一個人好像有多開放，總會接受那些他認為安全的情緒。尤其是很多人在修行時，只接受正面和安全的情緒，害怕負面情緒。所有的情緒都不會讓人生病，包括負面的、憎恨的情緒，唯有把情緒阻隔起還，害怕、拒絕表達，不容許它呈現出來，才會生病。

如果感到傷心，要把傷心表達出來。像《神鵰俠侶》中的楊過跟小龍女分開後很傷心，但他不會只放在心裡，而是盡情大哭大叫，練成了黯然銷魂掌。如果心裡有悲傷，但隱藏起來或不敢表達，有可能會生重病。

我不是要大家去製造負面情感，只是告訴大家不要阻隔、壓抑、埋藏負面情感。不管是婚姻、事業或人際關係的痛苦，這些嫉妒、憤怒、悲傷的情緒都是我們的好朋友，要引導我們自我面對，去看到問題、解決問題。我再強調一次，負面的情緒不會讓人生病，一旦阻隔、否定，拒絕面對和表達時，才會出問題。

負面、破壞性的情緒，目的是為了矯正原本令人不滿意的舊平衡

很多人總會接受那些自己認為安全的情緒，而忽視其他的，或者在某一點把那些不接受的情緒止住，因為他們不敢再跟著那些情緒走。當然，這種行為

將導循著他們的信念。例如，如果一個人已經四十多歲，可能告訴自己，年齡是無意義的，他喜歡跟年輕人相處，他的思想很年輕，他只接受那些看起來符合他對年輕這個意念的情緒，他變得關心年輕人的問題，而接受他認為是樂觀的、賦予他健康的想法，也許他認為自己相當的情緒化。他不斷這樣想。

然而在剛剛那些想法底下，賽斯為什麼用「剛剛」？這就是我們的潛意識了，潛意識不是不能面對，其實是有意識的逃避而不去面對。所以我們要知道，在日常生活中，有多少情緒是剛剛在我們的想法底下，但我們逃避不去面對。

比如某甲回到家，馬上感覺家裡死氣沉沉，大家有話都放在心裡不肯講，本來他有一個憤怒出來了，可是不久後又把它壓下去，告訴自己：「我生氣也沒用。」然後加入同樣冷漠的行列。其實這時候他可以拍著桌子大叫：「我再也不想回到這個冷漠、沒有情緒的家庭。寧願大家把心裡的話說一說，要嘛財產分一分，要嘛不高興的人搬出去，不要再冷漠以對。」

他把真實的情緒表達出來，但這種表達不能是一時的衝動，必須是一直衝動，既然表達，就要表達到底。大家把話說清楚，而不是表達出來，然後媽媽趕快安撫他說：「我跟你爸爸沒事，你不要生氣。」這時某甲反而會覺得：「我有情緒，是我不對。」然而，這個家真的沒事嗎？他心裡的感覺不是這樣。也許有情緒的是他，但是他並沒有錯，是那些逃避的人不敢去面對情緒，此時的他要去表達情緒，堅持請大家把話說清楚。

在我們的社會、家庭裡，大家都假裝沒事，結果變成好像是那個發脾氣的人有錯，可是我要告訴大家，那個發脾氣的人反而是對的。如果有一天某甲告訴自己：「我也不想發脾氣了。」此時他不是真的不想發脾氣，而是心死了，這就是生病的開始。

如果有脾氣，麻煩慢慢發、繼續發，久了就會變成了一股改變的力量，而不只是一時的情緒表達。如果對這個社會憤怒，應該要持續憤怒下去，接著就會找到解決之道，讓這個社會更好。

若是憤怒在心裡，情緒沒有出口，會變成行屍走肉。如果對什麼事情不滿，首先，這個不滿必須持續下去，直到找出自己不滿的理由是什麼為止。其次，把不滿化為行動力，變成一股建設性的力量，改變不滿的現狀，而不是永遠只是把負面、破壞的情緒釋放出來。

不管看起來如何負面、破壞性的情緒，本質上都是建設性的，目的是為了矯正原來不滿意的舊平衡。那些不滿或生氣的人並沒有錯，只是沒有好好使用情緒，如果發完一頓脾氣後，看到大家受傷了，自己又退縮回去，就是沒有持續把情緒轉成正面的改變力量，而情緒永遠是一種流動的現象。

那個人在剛剛那些想法底下，非常明白——他也的確應該——自己生理的實際狀況，然而他堅決忽略外表——好比說從他三十歲以來——的任何改變。而如此做時，就看不清他身處時空中的價值了。那個人會壓抑任何有關死亡或者老年的思想。變成不是讓自己活出年輕和活力，而是拒絕面對死亡和老年的思想，內在隱藏著很多神經質的恐懼。

有一種人是安然地接受年老，因為接受了，所以選擇繼續讓自己保持年輕和活力；另一種人則是對年老、死亡、生病懷抱著巨大的恐懼，而讓自己停留在年輕的心。兩者完全不同，一個是因為接納，一個是因為害怕。

那個人會壓抑任何有關死亡或者老年的思想，便把十分自然的感覺擋掉了，而那些感覺本來是要帶領他跨越早年的歲月。他在否定身體的物質存在，及它在季節時間中的焦點，而欺騙自己，沒有去體會那些生理、心靈和精神的自然流動過程，那些流動是要把他帶著越過它們自己。面對、接受老年，之後才能超越老年，而不是一開始就先否定，這是一個過程，我們必須在當下如實面對自己的身心。

78-2

恐慌症發作的目的是宣洩累積的擔心，以維持身體的運作

（《個人實相》第三二九頁第六行）就以上討論而言，由我們賦予「老」或者「更老」這些字眼，所暗示的內涵就引發了一個問題。在我們的文化裡，相信年輕就是有彈性、機警和警醒的，而「老」通常被認為是一種恥辱；僵化的、跟不上時代、凋殘的。這是我們社會流行的信念，每個人都喜歡年輕、美好，年老就被視為不好，活在這種文化裡的人，會開始逃避年老，因為年老代表退化、身體不能用了。

如果一個人拚命想維持年輕，這通常是為了要隱藏自己對老年的信念，以及與之相連的情緒。就像很多人拚命想維持健康，有時候是為了隱藏自己對生病的信念，以及與生病相連的情緒。拚命運動，是因為不敢面對疾病，這是一個壓抑的過程。

每個人的內在都有很多想逃避的事情，比如，一個女人可能非常有意識的避免去想：「如果婚姻破裂，我怎麼辦？」一想到這件事就害怕，從來沒有好好面對這個情緒，也沒有面對與這個情緒相連的信念：「為什麼我在面對離婚，會有這麼害怕的情緒呢？其實是因為我對離婚的女人抱持著非常負面的信念。」可是如果她跟著負面情緒，總是可以找到負面信念，所以負面信念永遠在提供線索。

我昨天在治療一個恐慌症病人，他每次恐慌發作，就覺得心臟一直跳、頭皮發麻，擔心會猝死。我說：「你知道恐慌發作其實是身體在保護你嗎？」這個個案的性格是「滴水不漏」，雖然他是總經理，可是每件事都想得比基層人員更仔細，無法容許小差錯。衣櫃裡有一百多件西裝，有一半根本是全新的，沒有穿過，每件都放得非常整齊。他的書擺放的高度都要一樣，什麼事都要做到百分之百。

我說：「不是你的性格不好，你這種人做事業很容易成功，因為危機管理做得最好。以前公司小的時候，你可以每件事都想得很細，每個人你都掌握得住，可是當事業大到某個程度，你掌控不了每個小細節，撐不住了。如果再以這種方式管理公司，會被每個枝微末節煩死。」

他也是以這個態度處理生活上的瑣事。我說：「你的基本性格會讓你每天從最細微的芝麻小事，累積小小的擔心。可是累積到一定的數量，身體發出了一個警訊，目的是為了保護你，零存下去的小擔心會變成一個大戶頭，幫你化為恐慌的情緒宣洩出來。恐慌一發作，你就覺得全身癱軟，擔心是不是中風或是心臟病，那都是身體為了保護你的善意，目的是為了維持整體的運作。」

他聽了這句話，整個人放鬆下來。以前每次恐慌發作，他就想：「我快要死了，身體快完蛋了。」可是現在恐慌發作，他會感恩身體，知道身體就像壓力鍋，壓力大到一個程度後，把氣放出來就會穩定。恐慌每發作一次，能量就重新獲得平衡，所以恐慌發作對整體健康有好處，可以預防猝死。沒有一個醫生知道這一點，除非他修過賽斯心法。

他問我：「我一定只能藉由每次恐慌發作來釋放能量嗎？」我說：「不是。醫生醫不了或吃藥吃不好的病，賽斯心法都可以幫忙，你不必每次都要等到自動放氣，你可以自己手動放氣。第一、開始知道自己的個性，因為你現在已經做到總經理，只要大原則抓住，小細節就不用管，要開始信任生命。第

二、你在上班時間把事情想清楚，下班時間就好好放鬆，做其他跟工作無關的事。為了興趣、喜悅、自在而做，不要再想公事，也不去思考每個細節。第三、如果開始累積恐慌的情緒，可以看書或找朋友訴說，把心裡的感覺說出來，甚至可以握著某個人的手說：『我現在每筆生意金額都是上億，萬一出差錯，這輩子的財產都賠進去了，我真的好怕。』把這些話說出來，自己先抒發害怕的情緒。」

他說他以前的性格是獅子，但這隻獅子有著綿羊的膽，我說：「上善若水，水最柔軟，也最堅強，你看，切割峽谷的是水。你要當綿羊，開始讓自己手動放氣，跟幾個不會威脅你的知己分享心事，告訴他們你有多害怕，多麼擔心每個小細節出錯怎麼辦。因為你從小到大的信念是，任何一個小螺絲出錯了，整個大機器就會垮掉，永遠在擔心每個小螺絲，可是你公司現在的資本額幾千億，小螺絲多到擔心不完，所以要開始信任生命。」

他藉由恐慌的過程挽救身體健康，恐慌的情緒是要引導他回去找不安全感的信念，一旦建立起安全宇宙的觀念，恐慌不但會好，而且整個生命會快樂得不得了。有錢是要讓人更快樂、自由、安全，他以前窮的時候，還沒有這麼多害怕，如果因為有了錢，變得更恐懼、害怕、擔心，那為什麼要有錢？我常講，是人役物，不是人役於物，是人穿衣服，不是衣服穿人，如果是衣服穿人，這輩子就永遠找到不到自我價值。如果總是用外在的價值衡量自己，外面框金又包銀，裡面卻是腐爛的木頭，總是擔心出紕漏，當然會害怕。

疾病是為了突顯之前身心靈的失調，幫助當事人建立新平衡

我再強調一次，任何的負面情緒都是要我們去找到背後的源頭，然後矯正。以電影《靈異第六感》為例，那個看得到鬼的小男生從小被嚇到大，半夜起來不敢上廁所，總是有各式各樣的鬼來找他，結果飾演兒童精神科醫師的布魯斯威利幫助他發現，原來那些鬼魂是來找他幫忙的。

負面情緒和沮喪也一樣，是來找我們幫忙，不是來找麻煩的，一旦幫了負面情緒，就等於幫了自己。如果有憂鬱症，不能只用傳統醫學的那一套，靠吃藥改善憂鬱，因為憂鬱是要來找當事人幫忙，只要幫忙了憂鬱的情緒，就能得到解脫自在。

身體生病是因為要重新建立平衡，就跟社會亂象是為了建立新秩序、新平

衡一樣。人體生病了，病本身不是問題，而是要突顯之前身心靈的失調，建立新平衡，所以疾病是健康的一部分。

我常打個比喻，如果在固定狹小的空間裡，老鼠的數量過高，就會生病，甚至彼此殘殺，會吃掉一部分的老鼠，這不是病態行為，而是健康行為，因為如果族群持續擴展，全部會死光，可是藉由一小部分的老鼠生病死亡或互相殘殺，可以讓整個大族群恢復平衡。

我們要感謝疾病為我們帶來平衡，如果知道關鍵在哪裡，就知道怎麼轉彎，如果不知道，就會痛苦。疾病是要拯救人脫離原本身心痛苦的不平衡，一旦找到新平衡，病自然就消失，因為它不再有幫助人的必要了。這段話隱含著很深的至理，要好好思索，去找出到底疾病是來矯正什麼樣的不平衡，它想提供什麼樣的新平衡？專心找到新的平衡點，那麼疾病就功德圓滿，可以歡喜退位。這才是真正究竟的賽斯心法，直指存在最深的核心，跟過去的修行觀念很不一樣。

78-3

老年歲月是為新生做準備，蘊含一股奔向新體驗的攻擊動力

（《個人實相》第三二九頁倒數第九行）如果一個人拚命想維持年輕，這通常是為了要隱藏自己對老年的信念，以及與老年相連的情緒。不論何時，當一個人拒絕接受生理上的實際狀況，也等同拒絕了心靈層面。有病的人害怕生病或假裝自己沒病，其實也是在抗拒那部分的心靈。

大家或許會覺得很矛盾，問我：「許醫師，你不是教很多癌症病人假裝自己沒病嗎？」我的確是教大家假裝自己沒病，但前提是當事人知道自己現在得了癌症，重新建立對癌症的看法，告訴自己：「是的，生理層面上我現在得到癌症，如果我先從心靈層面開始過沒病的生活，藉由假裝沒病，心靈會帶動身體，慢慢把得癌症的自己變成沒有病，而不是拒絕承認我生病這件事。」一個是建立在認知現狀，然後改變現狀，另一個則是建立在否定現狀，自我欺騙。

身體存在於時空的世界裡，一個人在六十歲時可能遭遇的經驗，與二十多歲時遇到的同樣必要，他在改變中的形象本來就是要告訴他某些事，當他假裝「改變」沒有發生時，就是阻塞了生理和靈性的訊息。這裡強調的是，人會隨著年紀的增長而有一種靈性上的進步，這個改變沒有不好。賽斯一直講，年輕跟年老的歲月一樣重要，而且一樣美好，只要接納它，了解它的美好，就會變得更美好。

老年時，有機體在為一個新的出生做準備。如果一個人要再回到地球的話，接近老年時，已經開始安排下一世的出生，這句話我希望所有的同學記在心裡，如果沒有了悟這句話，會看不懂老年人的生活。比如，一顆果實夠熟了，也會變皺，因為果實的營養統統轉移到種子了。老年人事實上是把精氣神藏進去，開始內斂，為下一世做準備，但這不代表老年要退化、衰老，我們講的是完全不同層面的東西。

發生在身心靈總和起來的事件，涉及的不只是一個季節的逝去，還涉及為了另外一個季節的開始做準備。這個情形包含了所有助我們度過難關所需的支持，不只是用接納的態度，還有一股奔向新體驗的攻擊動力。

我們必須安然的接受老年，因為老年人包含著一個精神上的嬰兒，等著下一世再出生，有著一股很大的攻擊衝力，要奔向新體驗。在冬天看到的植物，所有的菁華不在葉子上，而是在根，像球莖在地下，沒有葉子，可是隱藏所有的菁華，拿出來種，來年會開出燦爛的花朵，老年的背後有這個很深的涵義。

接受每個時間裡完整的自己，容許身體一直運作到它自然的結束

因此，排斥我們在時間中的實相，結果是使我們卡在時間裡面，而對它執迷。對年輕的執迷是因為害怕年老。以化妝品為例，這個時代對年老有太多的負面信念，因此不但塗抹化妝品，還會去拉皮、隆乳。這些化妝品其實不是塗在皮膚上，而是塗在恐懼的心靈，這不是真心的面對實相。

賽斯對年老的描述是：老年人可以更享受到感官之美，智慧可以更練達，心靈可以更平和、寧靜，這才是對老年真正的信念。我們這個文明先對老年建立了巨大的負面信念，產生巨大的負面恐懼，然後整個化妝品或整容市場大行其道，這是對心靈的一種誤解。

接受我們在每一個時間裡完整的自己，容許身體一直運作到它自然的結束。如果了解賽斯心法，在我們的世界裡，至少可以健康快樂的活到九十九歲。假設在九十九歲那年死掉，可能在接近死前的一個月，身體狀況才開始往下掉，然後心滿意足的離開，甚至連醫院都不用去，因為身體可以快樂健康的持續運作，直到臨終的那一刻，接著全面撤退。就像出門離家，可是房子裡的物品都完好無缺，而不是整間房子垮下來，裡面的東西全都壞掉。

在良好的狀況下，不會被那些關於年齡的扭曲而看不見的觀念所局限。有很多人被年齡的扭曲觀念所局限，舉個最簡單的例子，有的人可能會說：「我只要活到四、五十歲就好。」為什麼？因為接下來的歲月不值得活，這就是最明顯的扭曲，受到看不見的觀念所局限。

如果一個人相信青春是他的理想，拚命想保住青春，同時卻相信老年必然帶來某種衰弱，那麼就引起了一個不必要的難局，而按照心中消極的想法，他會更快老化。大家之前建立的信念可以改變了，因為太多人覺得年輕很棒，老年一定衰弱，這個信念本身就是錯的。老年人的身體不一定要衰弱，七十歲的身體可以有三、四十歲的體能，這是事實，但是不要因為抗拒七十歲的身體，而永遠想讓身體停留在三、四十歲，這是不可能的。前者是接受和超越，後者是因為恐懼而排斥，只要接受了，一切就好談。

78-4

檢查信念可以從會導向這些信念的情感開始

（《個人實相》第三三〇頁第四行）每個人都必須檢查自己個人的信念，或者從不可避免會導向這些信念的情感開始。比如，有個媽媽一天到晚擔心孩子，一下子擔心孩子的身體健康、人際關係，一下子擔心未來的婚姻和工作，那麼，她要開始下功夫，把對孩子的擔心找出來，去體驗對孩子的擔心，了解這麼多擔心的情緒是來自什麼信念。

關心和擔心完全不同，像我爸媽七十多歲，其實我很少擔心他們。如果每天都在擔心父母會不會高血壓、跌倒，就要透過對年邁雙親的擔心，找出自己背後的信念是什麼，然後問自己：「這個信念是對的嗎？我一定得這樣相信嗎？」

有些爸媽擔心孩子太混，將來怎麼生存競爭，此時要透過對孩子的擔心，找出自己的負面信念，那個信念可能是：「這個社會就是生存競爭，強者稱王、弱者淘汰。」但社會一定是這樣子嗎？即使如此，也是大家共同創造出來的樣貌，不見得每個人都要競爭，有人是透過互相幫助活得很快樂，做得很好，因為人類世界的本質是互助合作，競爭只是表象，不是事實。

賽斯說，每個人都要開始做功課，和其他方面一樣，在這方面，我們之中那些精通文字的人，不妨用寫作的方式寫下自己發現的那些信念，或者把理性或情感的假設列出來，也許會發現它們相當不同。如果有身體的症狀，不要逃避它。檢查看看胃有沒有脹脹的，身上怎麼凸起來一塊，如果有身體的症狀，不要逃避。

感覺它在身體內的真實，然後讓那些情緒自由地跟著來。如果很恐懼，就讓恐懼來吧！因為恐懼是要來幫助我們的。如果我們讓那些情緒流動，它們就會帶我們到造成問題的信念。好好地讓情緒流動起來，不但可以宣洩情緒，處理信念，而且心靈場和身體症狀也會隨之改變。

我們的情緒會帶來很大的恐懼，因而擔心：「我死了或身體惡化怎麼辦？我好孤單、無助。」讓情緒走完後，再問自己：「我現在死了嗎？沒有。那麼為什麼要讓這麼可笑的思想一直占據呢？」這些情緒是要讓我們知道自己在害怕什麼，把最怕的事情說出來，伴隨著強大的情緒宣洩，瞬間會把身上阻礙、壓抑的情緒打通，疾病當下就可以好轉。

例如某乙害怕所有人都不要她了，這時請大聲呼喊出來：「我擔心所有人都不要我了，我好害怕。」說完後，也許會覺得很好笑，事情真有這麼嚴重嗎？其實只要跟隨著症狀，面對恐懼，說出從小到大壓抑在心裡的恐懼和情緒，以及那些從沒說出口的負面感受、憤怒、絕望、不信任。不要覺得說出來沒有用，我教大家的是情緒宣言，只要表達情緒就可以治病。蘊含巨大能量的情緒就像水庫一樣，洩洪了，病痛馬上解除，因為把硬硬的腫瘤撐起來的力量，正是我們裡面巨大的情緒。

如果想讓一顆飽滿的足球消氣，就要插入消氣針，現在請把腫瘤想像成足球，針一插進去，腫瘤像洩了氣的球，背後阻塞的情緒就能宣洩出來。這件事全世界沒有人可以代勞，如果沒洩氣，足球就會彈來彈去，怎麼樣都拿它沒辦法。每個人有多少阻塞的感受藏在內心，自己最清楚。

情感的本質永遠是創造性、建設性，具有自然的攻擊性

如果我們讓那些情緒流動，它們就會帶我們到造成問題的信念，帶我們越過我們必須面對與探索的實相的許多面向，情緒總是會把我們帶到問題的所在，引領我們。這些方法把我們本來抑制的自然攻擊性釋放了出來。有些人對這個世界懷抱著巨大的恨意，拿我自己開個玩笑，要是我恨老天為什麼把我生得這麼矮，或是從小為什麼父母一直吵架，可是卻從來都沒有去釋放這個恨，那麼我可能會怨恨老天。

如果有恨，那麼恨的能量宣洩完了嗎？好好面對，看到自己心中隱藏著對人類世界巨大的怨恨、不友善、不滿。情緒無罪，越能自然的面對和釋放攻擊性，就越健康。

我們也許覺得被情感淹沒了，怕自己變成失去理智的野獸，這時候只有一個戒律：不要傷害自己及他人。不管是在地上打滾，對著街上吼叫都沒關係，經常失去理性就會習慣，越來越能掌握箇中訣竅，知道如何很理性的失去理性。丟一次臉很尷尬，多丟幾次就可以很優雅的丟臉，沒那麼難堪了。

我們也許覺得被情感淹沒了，但是信任它，賽斯要我們拿出信任來，信任

自己的情緒。再次的，它是我們存在的自然之流，自然的攻擊性，會喚起我們自己的創造力，跟隨它，就會找到問題的答案。它會牽著我們的手，找到問題的癥結，一切的背後都是透過信任。

如果某甲說：「我沒辦法信任，就是做不到。」我會說：「你這麼信任你的不信任，你還說你不信任，你到底是信任還是不信任？當然是信任啊！你這麼信任這個世界是不安全的，信任這個世界都是壞人，你很信任啊！這麼多年來，你這麼信任自己做不到，這還不叫信任嗎？」

魯柏在他的《對話》那本書中，有一個極佳的例子，在其中，他容許他的情感升起——雖然一開始他有點害怕。不是人人都能寫詩，但每個人自己的方式都是有創造力的，可以像魯柏一樣跟著情感走——不管是不是會寫出一首詩。跟著情感走，也許是創出一套武功或畫出一幅畫，可以做出任何有創造性的東西。情感的本質永遠是創造性、建設性，具有自然的攻擊性，但大家都誤解了情感的本質，認為情感是破壞性的，才會害怕任何強烈的情感。

我們必須了悟，我們的意識是有能力的、它的概念是中肯的，而我們自己的信念影響並形成我們的身體和經驗。

78-5

舌癌是因為負面能量累積在舌頭，無法宣洩

（《個人實相》第三三一頁第六行）每個人宣洩情緒的方式都不同，有人是練拳擊，有人是打假人。假設某乙和某丙是好朋友，後來某乙偷了某丙的老公，她也真心想道歉，這時某丙可能想出很有創意的點子說：「妳站在那邊不要動，我拿蛋糕砸妳。」然後去買個過期的蛋糕，隔三公尺丟她。或是某丙也可以跟某乙單挑，去買拳擊手套，準備護具，兩個人打到精疲力盡，最後抱在一起痛哭，再一同去找那個男人算帳。

現代人缺乏宣洩情緒的創造性技巧，不過對某個人有用的技巧，不見得對其他人有用。像魯柏是寫詩，讓情感自然流動。我們來看這首詩，魯柏是用什麼方式宣洩情緒。

但現在
我的身體顫抖，呼吸沉重。
古老的怒氣
由我的腳趾隆隆上升。
一個陰沉凝重的黑洞
自我的腹部升至咽喉
將它的重荷卸在我的舌頭上
我的舌頭變得沉重如鉛
帶著未曾說出、未曾哭訴的事情，
早已為我的心所遺忘
卻在我的血裡凝聚。
未曾說出的母音與音節的
慘淡塑像，
我應已拋棄的形象，
都由我的唇際傾瀉而出。

這裡是教大家如何治療舌癌。舌癌是一個陰沉凝重的黑洞，從腹部升到咽喉，把重量統統卸在舌頭上。這個人的不滿、未曾說出和未曾哭訴的事情已經上升到舌頭，可是又不想當毒舌派，說出傷人的話，於是整個負面能量到了舌頭沒有出口，累積在這裡變成舌癌。

我治療過一個舌癌病人，我說：「其實你是個狠毒的人，心裡累積很多狠毒的情緒，可是你自認為修養好、有功德，要維持形象，想當假好人，才會得舌癌。你現在要『除罪化』，把內在所有惡毒的語言，透過舌頭說出來，這叫做排毒。」身體沒有毒，就算身體再怎麼毒，也毒不過負面情緒。不滿、憤怒、嫉妒、小心眼等負面情緒，目的是要我們去排毒，如果把這個毒說出來，就是在做治療，不是毀謗，但是很多宗教觀念說：「你不要毀謗，否則會下拔舌地獄。」為了怕下拔舌地獄，結果卻先得了舌癌。

試問：「把毀謗放在心裡跟說出來，哪一個罪比較重？」答案是都沒有罪。毀謗是情緒、感受，把感受表達、宣洩出來，不管用什麼樣的方式，感受只代表個人立場，而且只代表今天的立場，不代表永遠的立場。

那個舌癌個案的家裡有出家眾，經常跟個案說：「你不要毀謗，要說好話。」於是所有的壞話、壞情緒一到舌頭統統縮回去，累積在舌頭，能量出不去，後來舌頭整個變形，長出一根一根的東西。我不是要他毀謗，只是告訴他：「你要面對你的情緒，讓情緒宣洩，表達出來病就會好。」

若是拿這個病去詢問修行人，他們可能會說：「這是業障，你要讓自己變得更好。」可是為了變得更好，反而死得更快，因為情緒更出不來。我不是要他變得惡毒，而是如果心中有惡毒的想法，一定要宣洩出來，找到自己存在的源頭，所有的疾病都跟這個原理有關。

歡欣地發怒，就會進入真正的平靜

細節融合在一起
冰冷、沉重的一大塊
出生時活了起來
而悲鳴著，
急奔

進宇宙。
各種形狀與顏色，
黑色和紫色
與天際景色的
偉大活動畫面相混
在其中迷失
又被拯救。
而現在我感覺到你，即使在我的怒氣裡，
壯麗而可怕的，
由我的肉體中浮現
以暴風狂雲般的
正義，
蹂躪了風景
卻帶來了清新，
使殘骸全力飛揚

而釋出新的球根
它們曾深埋潛藏
於下
而我的怒氣正好
把球莖及你我
一起舉起
穿過壓抑的霜原，
在巨大的自由漩渦裡洶湧
爆發如夏日雷電，掠閃
急奔過原野，
歡欣地發怒。

「歡欣地發怒」這句話最棒，這是一種境界，對於無法歡欣地發怒的人，要體會到自己可以優雅、歡欣地發怒，就像雷電閃過原野，暴風雨肆虐大地，之後，又是一股清新的氣息。

在《我不只是我》這本書中有個冥想，引導大家如何發洩怒氣。有些生病的同學從來沒有歡欣地發怒，因為當他們想發怒時，就會問自己：「我是不是不懂得感恩，我有什麼資格發怒，我還不知道滿足嗎？」開始自我譴責，才會全身是病。有怒就是有怒，請歡欣地發怒，發不發怒和知不知足是兩回事，可以先發怒再知足，而不是因為種種理性上的理由，把自己的情緒壓抑下去。

所有的病都是來自於無法宣洩的自然攻擊性。發怒不代表不講理，因為當怒氣到達某個頂點，甚至會進入禪定的狀態，如果沒有完美、歡欣地發完一個怒，怎麼可能平靜？很多人是藉由拚命壓抑自己的怒氣，試圖讓自己平靜，其實不對，應該要歡欣地發怒，才會進入真正的平靜。

第79講

79-1

隨著每個人不同的心態，就決定了自己不同的存在

（《個人實相》第三三四頁倒數第六行）有時候魯柏在傳賽斯書時，會進入意識改變的狀態，開始談到一些體驗的部分，「絲般」的皮膚，以及毛衣貼在背上的一種舒服感覺，每樣東西看起來都好棒，整個世界突然變得非常美妙。

其實我們也可以隨著賽斯書而有這類感受，例如我說過，這個世界只有兩種人：一種是好人，另一種是做了壞事的好人，這是個很棒的世界。本來以前看著街上的人，心情是：「這些陌生人跟我有什麼關係，說不定等一下要騙我的錢或跟我競爭。」現在聽了賽斯說：「靈魂上眾生都是一體。」慢慢帶著這個心情走在街上，會覺得路人還滿可愛的，開始有一種親切感，心想：「真的，五百年前我們是一家人，雖然我不認識你，可是我們都是一體的。」會自動散發出一種平安和恩寵的感覺，走過身邊的人也會感覺到我們內心的能量，對著我們微笑，用什麼心念走在街道上，就代表著我們的心情。

同學來這邊上課，如果心中的感覺是：「我回到家了，在這邊得到了情感的支持及理性上的成長。」那麼，當下坐在這邊感覺到的就是喜悅、充實，會覺得真的好棒，能坐在這邊學習好喜悅，跟周遭同學有多麼深的因緣，才能在這一世相逢，實在很不容易。

之前有個同學在這邊遇到了二、三十年前住在花蓮的老鄰居，有時候我常說，這裡是一個靈魂的交會所，很多過去在靈魂上有關係的人，會在這邊重逢，每個人都不是莫名其妙來到這裡，而是被同樣的因緣吸引過來。賽斯也講過，在心靈團體裡最容易碰到自己的靈魂伴侶、對等人物、心靈上的兄弟姐妹、轉世的父母和小孩，甚至開始在這邊組成下一輩子的家庭，只是自己還不知道，很有趣。

隨著每個人不同的心態，就決定了自己不同的存在。也許有同學坐在這邊，想的是：「別人學得比我多，我都不敢看著許老師，以免等會兒被問到又出糗。」這時心態上就會害怕。但是如果想說：「我就是喜歡來，不管懂不懂，問到我就老實說不會，反正大家都是自己人，有什麼關係。」心念一轉就不一樣了，即使打瞌睡也無所謂，因為來這邊就是心安。

隱形的核心信念並不難找，在不經意時就會流露出來

當我們檢查意識心的內容時，也許好像我們在不同時候持有那麼多不同信念，以致無法把它們融合在一起，然而那些內在的東西會形成清楚的模式，我們會發現一組核心信念，別的信念都圍繞著它們。大家要做內在的功夫，賽斯講，這個世界不是訊息不夠多，而是多到令人頭昏腦脹，可能早上聽到某個人的一段話很有道理，下午又聽到另一個人的話也很有道理，但兩種道理互相衝突。

很多內在的功夫是要我們去釐清，這時候到底要選擇選哪條路？不是判定生死，沒那麼嚴重，而是暫時走走看。像我現在教同學的，跟父母以前說的可能就不一樣，所以我們的意識心每天都可能接受不一樣的訊息，但在不一樣裡面，也有同和異。

人的內心為什麼常常會衝突？因為內心在打仗，每個不同的思想都在爭取注意力。每個人都有所謂的核心信念，也有自己的感覺基調，例如有些人的感

覺基調像搖滾樂，有些人則像鄉村歌曲、爵士樂或古典音樂。要認出自己的感覺基調，那是一個人生命的特質，也是生命力。我們也可以感受到別人的感覺基調，透過感覺基調去跟萬物連結，形成和諧、共鳴的整體，就像在一個樂團裡有各式各樣的樂器，但彼此可以找到和諧點。

如果我們把這些核心信念當作行星，那麼其他意念就繞著行星運行，就像地球會繞著太陽轉。比如，可能有一些「看不見的信念」，也可能有一、二個看不見的核心信念。順著這個比喻說，這些看不見的核心信念會躲在更亮更明顯的「行星」之後，卻可以藉著它們對我們和我們的「行星系統」內其他可見的核心信念的影響而顯現出來。

有時候雖然找不到核心信念，可是它產生了影響，所以可以從它的影響來找到核心信念。比如，某甲每次吃到一種食物就會過敏，或是某乙每次看到乞丐就生氣，為什麼？這背後其實有很多信念都隱藏在我們的內心，可是沒有去面對。

例如某丙問了我一個問題，他覺得我說出來的才算答案，這背後隱藏著什麼信念？權威說出來的才是答案，他自己想的不算。這就足以解釋為什麼每次他說的話，人家都不相信，因為在他的內心根本不把自己視為權威人士，也從來不認為自己說的話有什麼重要性。很多人都有這種信念，總是對權威者又愛又恨，一方面渴望得到權威者的認可，一方面又常常認為自己無足輕重。一旦學了賽斯心法，就要改變這個信念，開始看到自己的價值，全世界只有一個人說了算，那個人就是「自己」，別人講得再有道理，如果自己不相信都沒有用。越知道這個權利，就越知道義務在哪裡，自己才是最棒的那個人。

如果某丁覺得許醫師很棒，那是要告訴他：「可以把許醫師當作學習的對象，進而知道自己也很棒。」而不是要把自我抹煞掉。很多人在崇拜一些宗教領袖時，就像哈巴狗一樣，看著主人搖尾巴，大師說的話都是對的，這樣完全不對。在我們這邊，同學不是把我當上師，而是每個人要經過自己的思索、理解，然後整理、消化、吸收，發自內心地尊重自己，這是最難得的，因為能看重自己的人才會看重別人，不要把權力都投射到別人身上。我們這裡是個認識自己的地方。

舉例來說，當我們研究自己的意念時，我們似乎無法回答的問題，就會使我們懷疑是否其後有這種隱形的核心信念存在。賽斯強調，隱形的核心信念並不難找，在不經意時就會流露出來。像我的個案曾說過非常熱愛自己的工作，後來有一次我提到某個人很討厭自己的工作，他突然蹦出一句話：「我也很討厭我的工作。」其實他很討厭自己的工作，又用熱愛工作來說服自己，他根本是講給外人聽的，其實是在自我安慰，

很多媽媽也是一樣，表面上拚命照顧自己的小孩，私底下搞不好很討厭她的小孩，可是那個討厭也許自己沒有看到，她把小孩當成負擔，覺得：「要不是因為你們這些孩子，我早就去工作了，不用被困在家裡。」可是她拒絕承認這一點。有時候我們會對自己做最大的隱瞞，不肯真的去面對核心信念，賽斯說核心信念能有意識地被發現。

79-2

傳統心理學的基礎是外在事件先發生，人是被動對事情產生感受

我來簡單界定一下，到底賽斯思想用在心理治療和心理輔導上，跟一般的心理學有何不同。目前大家學到的心理學，基本上是遵循著現在的科學思想：外面的環境先產生，人才產生，因此人是來適應環境的。外面先發生一件事情之後，人再來因應，感覺到喜悅或難過。在傳統心理學的理論上，人是被動者，等著事情發生在身上。以癌症為例，心理學只是讓得到癌症的人不要那麼悲觀：「你已經得到癌症了，這是事實，不要那麼悲觀。」去適應生這個病的心情，調適自己來適應環境。

可是傳統心理學已經行不通了，它建立起來的基礎是外面的事情先發生，我才對發生的事情產生一種感受，例如是他搶了我的東西，我才對社會失望、認為人性本惡、開始覺得害怕。人的地位被貶低成環境的適應者，這樣的理論推演下去會變成：「爸媽就是這樣對待我，成長環境就是這樣，所以我只能努力去調適、去接受，說服自己事情發生就發生了，不然怎麼辦？」

賽斯講過一句很傳神的話：「我們好像被發生在身上的事情所痛擊，在人生的道路上不斷地去適應發生在身上的所有事。」可是學了賽斯心法後，整個情況完全顛倒過來，大家要有一個很強烈的認知：認識到自己是實相的創造者，不是被動的接受者，事件由內而外發生，第一層是內在的世界，不管是潛意識也好、無意識也好，先產生了某種意念、想法、情緒或想像力，第二層是這個內在因子去吸引發生在身上的事，然後第三層才是對發生在身上的事，再產生情緒和想法。

賽斯心法的理論基礎是人主動創造思想和感受，事件才隨之發生

學習了賽斯思想後，就會知道不是發生在身上的事情影響了我們，而是我們能主動去影響要讓什麼事發生在身上。這個理論基礎確定後，將從頭到尾改變人類的歷史。因為兩、三千年以來，人一直認為是事情先發生，才產生思想及感受，例如某甲說：「是男朋友先拋棄我，我才覺得世界上沒有一個好男

人。」事實並非如此，是她內在早就有了吸引那件事發生的因子，或者她天生是個悲觀主義者，吸引了悲觀的事情發生在身上，結果更悲觀。

從今以後，人不是被動適應命運，而必須開始主動創造想要的命運，因為我們已經完全明白思想和感受會創造事件，所以為了創造事件，就要先創造那個事件對應的思想和感受。比如，以前某乙不管好事、壞事發生，都沒有決定權，現在他為了讓好事發生在身上，先相信自己是好人、這是個好的世界，早上醒來先具有好心情，等著讓好事發生在身上，這跟過去的想法簡直不可同日而語。我教大家的練習是：想要什麼樣的事情發生在身上，就先創造會對應那件事的心情、思想，則那件事不久就會發生。

剛才有位同學提到，突然有個很強烈的衝動想吃水煎包，結果回家一看，水煎包就在桌上。我告訴大家，不要用巧合來想這件事，因為念力越強、背後因應的情感渴望越強，那件事發生得就越快。比如，我們現在想創造一個更大的上課空間，這個念頭一起來，我們在另一個實相已經在更大的地方上課了，這不是未來式，而是現在式，叫做「當下」，當下一個起心動念，在另一個實相已經實現。

當下是多重時空，例如某丙希望病好起來，這個病就開始在好轉，而另一個實相的他已經好了，一點時間都沒浪費，但我們這個實相要慢一點才會實現，因為這是我們這個實相的法則。可是很多人常常會退轉，還沒等到另一個實相的效果波及到這個實相，就放棄了，因為他們的信心不夠強，只是一時衝動，沒有一直衝動。我教大家的早就超越了當代最偉大的心理學，這叫做創造實相，讓自己想要的未來，現在就存在。

79-3

一旦建立橋梁信念，內心的衝突就不會那麼劇烈

（《個人實相》第三三六頁第四行）由我們自己的情感開始，可以找到那些隱形的信念，或由那些變得最容易觸及到的信念開始，到底對自己的看法、對周遭人的看法是什麼？這個題目導向賽斯稱之為「橋梁信念」的東西。橋梁信念就是搭起友誼的橋梁，讓內心的衝突不要那麼劇烈。

比如，某內在銀行上班，可是很討厭這份工作，覺得只是為了一份薪水，根本沒有任何價值可言，但媽媽說銀行是鐵飯碗，叫她不要離開，她為了當乖女兒，產生了很大的衝突。這時候要去找橋梁信念，因為橋梁信念可以解決所有的矛盾和衝突。

有個同學因為要學賽斯又要做有機飲食，很痛苦，幾乎做不下去，後來找到橋梁信念：「我去幫助那些從有機飲食角度切入的人，引導當中的有緣人接觸賽斯心法，就沒有衝突了。」

像我也是建立了自己的橋梁信念，我同時在醫院當醫生，又同時以不是醫學的觀念來醫療病人。之前我到壽險公司演講，跟他們說：「你們在推廣業務時，不要灌輸負面的信念給客戶。」有個業務員聽了跑來找我說：「我們要叫人家買保險，都是告訴他們『十次車禍九次快，萬一你死了，太太、孩子怎麼辦？』或是『不要以為現在好好的沒事，你都不知道自己什麼時候會得癌症，像上個月有個客戶就是這樣，叫他保他不信邪，這個月真的檢查出癌症了。』如果不講這些負面的東西，怎麼推銷保險？」

衝突、掙扎很大的人，得先建立橋梁信念，直到有一天心中的矛盾減到最低，假設之後還是覺得有基本上的差異，那時候也許已經準備好換到另一個工作了。比如，這個業務員可以散發正面的訊息，告訴客戶：「我告訴你，改變你的信念可以創造你的實相，保險不是因為你的生命隨時會有危險，而是出於對家人的一份愛。」但是他要很清楚自己的內心，先說服自己不是在騙人。

散發正面的訊息取得客戶的信任，不要用威脅的語氣讓人覺得世界很危險，必須買保險來保障一下。甚至可以告訴客戶：「這個世界是安全的，但是有很多集體的潛意識我們也許無法克服，所以買保險不是為了應付危險，而是有了基本的保障可以更安心的生活。」不要把注意力放在危險上，要放在安全上，有了基本的保障就不必每天擔心危險發生，更可以在生命中感到喜悅和自在，這就是所謂的橋梁信念。

大家現階段一定可以找到橋梁信念，讓自己過渡到比較好的狀態。像我知道，有一天我一定會離開正統的醫療系統，因為我早晚會蓋自己的賽斯醫院，在那裡鼓勵所有人認識並強調身體的自我復原力，可能還是會打點滴、用藥，但只是治標、輔助，不是主要的治療。此時的我羽翼未豐，還是必須做一些妥協，等到那一天來臨，就要飛向更廣闊的天空。

學了賽斯思想，多多少少都會讓人產生衝突，有時候我甚至會開玩笑說，那些沒有任何衝突的人，可能根本什麼都沒學到。像有個同學一看到這些內容就說：「這是離經叛道的東西。」的確沒有錯，有些同學會假裝矛盾不存在，這是不可能的，矛盾就是存在。像基督說過，他傳基督教不是為了讓家庭和樂，這句話背後的涵義是他來搞顛覆的，他走進猶太教的殿堂去擾亂，罵猶太教的祭司，羅馬士兵把他釘在十字架上，因為他的言論太危險了。

佛陀在世時也講過大逆不道的話，對抗婆羅門教或是苯教，他講的話直接衝擊當權系統。我說過：「神和佛最不喜歡住的兩個地方是教堂和寺廟。」這種話是不是很顛覆？是，但事實就是如此，因為神佛只喜歡住在我們的心裡，每個人都要去找自己的佛性和本心。這些內容今天講起來沒有危險，但在以前是不得了的話，這些內容也許會在各位的心中引起衝突。

早年我在上課時，有些同學內心的衝突太大，上到一半開門就走，時至今日，整個感覺已經不一樣了，時代真的在改變中，我覺得是很棒的過程。賽斯的思想本質上具有顛覆性，為的是把傳統的觀念拿掉，讓各位走一條更棒的道路。傳統的觀念不是不好，而是過時了，我承認基督教、佛教都很棒，可是流傳了這麼多年下來，只剩下一些教條和後人扭曲的東西，找不到背後真正的涵義。賽斯的思想絕對不狂熱，請各位放心，狂熱的人會看不下去，它是一把溫和的火，卻可以不斷延燒。

橋梁信念包含很大的動力和能量，為所有衝突矛盾找到統一點

關於橋梁信念的部分，當我們檢查意念時，會發現，就算它們顯然互相

矛盾，也有相似之處。賽斯很棒，要讓大家不要那麼衝突，因為要異中求同。而這些相似點可以用來連接信念之間的空隙——即使是那些看起來最相反的信念。因為我們是持有信念的人，可以說，我們會把我們將認出的某種特性蓋上戳記，這些特性便會露出來作為橋梁信念，它們包含了很大的動力和能量。

有時候橋梁信念一建立，矛盾衝突降低了，能量馬上就疏通。如果我沒有建立當醫生和傳賽斯心法的橋梁信念，到今天都還會痛苦不已，每天去上班一定會矛盾衝突，想著：「這時候我為什麼要走到醫院去，為什麼還要當醫生做一些我不想做的事？」

就像有個當藥師的同學，每天發藥時手會發抖，一下子手痛，一下子跌斷手，為什麼？因為她的內心在衝突，工作上必須把藥發出去，但是心想：「我發這些藥出去，對這些人真的有幫助嗎？」這就是沒有建立橋梁信念。

橋梁信念包含了很大的動力和能量，當我們發現橋梁信念是什麼時，就能在我們自己之內找到一個統一點，從那兒，我們可以較客觀地檢視自己其他的信念系統。所有人生的痛苦都可以藉由找到橋梁信念而獲得很大的改變。

與這些橋梁信念相連的情感，可能真的令我們吃驚，但站在這些有統一作用的橋梁上，我們可以自由地讓這些情感很快流過去，並感覺它。但也許這是我們頭一次覺察到信念中的那些情感來源，而不再怕被它們席捲而去。橋梁信念的作用必須自己去發現，幫所有的衝突矛盾找到統一點，這就是以前講的正反合，一個看似極端的相反，卻可以連接在一起。

比如，醫學和賽斯之間，可以用衝突的心態去看，但也能創造出新時代身心靈的醫學觀，有它的會合點。只要把橋梁建立起來，左腦右腦的能量就通了，頭痛、子宮肌瘤、肝癌、肺病都會好，所有不通的地方就是因為沒有搭起友誼的橋梁。

橋梁信念首先可以幫助各位在矛盾衝突中建立一座橋梁，其次，可以疏通背後阻塞的情感能量。早上我在幫賽斯團隊上課時說：「我現在跟你說話，我只是把我的感覺說出來，感覺沒有對錯，你先聽我把感覺說完再說。」這就是橋梁信念，我既可以說出真心話，疏通情緒，又不用擔心傷害到對方或損及我的形象。以前是我不講，於是讓自己內傷，而講了就吵架，傷害到別人，現在有了橋梁信念，不但可以講，也能讓對方進一步了解我。同學要慢慢揣測、學習，一旦找到這個技巧，生命會變得很棒。

79-4

● 照顧生病的親人，要先安定自己的心，不要捲入對方的情緒

甲學員分享：「我先生在兩週前開始不舒服，結果上週又有狀況就送急診，檢查出來是十二指腸潰瘍出血，現在已經止住，可以吃東西了。我觀察他是從上次複診決定要照斷層後，身體就一天不如一天。我不知道為什麼，越接近斷層的日子，他心裡越慌，身體越不舒服。他自己認為不是這個原因，但我的感覺是他一方面想去，另一方面又不想去，左右為難，導致身體狀況惡化得很快。他去做斷層的前兩天已經很不舒服，做完斷層後幾乎不能動。」

我告訴這位學員：「妳先生回醫院檢查後，整個情緒亂掉了，內心升起極大的恐慌，甚至是求助無門，很想找個力量來依靠，又不知道誰能幫忙，所有的恐懼集中在一起。

「我建議妳先讓自己的心安定下來，將自己視為一股安定人心的力量，妳

的心不能被罹患肝癌的先生一直帶動，不要捲入他的恐慌、害怕，跟著他團團轉。妳要了解先生的痛苦，同時了解他生理和心理上的害怕。我覺得他想跟別人求助，可是又不相信別人，他其實很希望妳能扮演一股幫助他的力量，可是又完全不相信妳有力量。不管他相不相信妳有力量，妳都要克服這個阻礙性信念，他越不相信妳有力量，妳就越要告訴自己：『我是有力量的。』也讓先生知道妳不但有力量，還會在他最需要幫忙時伸出援手。

「甚至告訴他：『你可以脆弱、無助沒關係，你可以信賴我，我的肩膀可以讓你靠。』或許妳講完後，他會捧腹大笑說：『老婆，不要跟我開這種玩笑了，這麼多年來妳成事不足，敗事有餘，責任都是我一肩扛。』不必管他的冷嘲熱諷，如果妳願意做這樣的轉變，就真的能幫助先生。

「我講得更誇張一點，假設他現在快往生了，妳一樣要握住他的手，告訴他：『沒問題，一切都會很好，你先去，以後我再去。』以後多久不知道，先發出安定的心念給他，讓他覺得沒問題，縱使他很脆弱，都可以憑藉著妳的信心，得到安慰。也許妳就是要透過跟他相處的過程中，重新找回妳的安定和力量。」

一旦拿掉阻礙性信念，疾病就會輕易康復，人生也會很順利

乙學員分享：「可是要做到真的是很難。」

我說：「很容易的話就不用做了，因為很難才要做。要怎麼樣讓病很快好起來？只要相信它可以很快好起來。因為每個人都是實習神明，人是來學習當神的，如果認為自己是實習神明，就有能力讓自己好起來，但是相不相信要由自己決定，一旦相信，就能轉化疾病，這叫做神奇之道，力量在自己身上，先把阻礙性信念拿掉。」

很多人相信人生是苦，困難重重，如果某人相信人生的道路困難重重，但他的人生很順利，那麼命運就對不起他了。所以在人生的道路上，我們要開始把一切事情想得很簡單，然後採取行動。大多數的時候，我們要面對的都是腦袋中的阻礙性信念，一個人的病會不會好起來，關鍵只有一個，就是心中的阻礙性信念。有些人在人生道路上，總覺得怎麼這麼困難、這麼多挫折，覺得命運老在找麻煩，老闆、配偶、小孩、朋友都在找麻煩，其實只有自己的阻礙性信念在找麻煩，因為再困難的事情都有人成功。

阻礙性信念包括：「我講也沒有用，反正他也不會同意。」「我都已經三十五歲了，學歷不夠，知識經驗也不夠，有誰會用我這種老傢伙。」「只有醫生可以幫我的忙，一定要找到更新的藥，我的病才會好。」每個人真的都要去探討，在人生當中有多少阻礙性信念。

79-5

橋梁信念有助於疏通壓抑的感受和自然的攻擊性

橋梁信念的作用，是為兩個衝突的信念建立起橋梁，可以釋放很大的動力和能量，我以自己為例，講解賽斯書的自己是一個實踐理想的自己，而在醫院的自己之前是定位在順應現實的自己，後來我發現，在醫院的自己也可以實現理想，就不再矛盾衝突了。

（《個人實相》第三三六頁倒數第六行）與這些橋梁信念相連的情感，可能真的令我們吃驚，但站在這些有統一作用的橋梁上，我們可以自由地讓這些情感很快流過去，並感覺它。但也許這是我們頭一次覺察到信念中的那些情感來源，而不再怕被它們席捲而去。橋梁信念能在兩個矛盾的系統裡，建立起能量的平衡，有助於疏通壓抑的感受和自然的攻擊性，一旦疏通了，身心就舒暢。

有的人一直有個阻礙性信念：「怕別人失望，怕成為爸媽眼中失敗的兒子。」這背後就有很強烈的情緒累積起來，此時如何運用橋梁信念？他可以想：「我為了不讓他們失望，不是去成為他們眼中的那個我，而是當我真正做了自己，完成生命的價值，才是真的對得起爸媽。」

一旦建立起這個橋梁信念，就會發現過去把自己逼得多辛苦，為了怕別人失望而不能做自己，一旦符合爸媽的期望後，又很生氣：「他們為什麼這樣控制我、不放過我，永遠黏在我身邊。」其實問題都是自己，一旦找到橋梁信念，會想：「當我快樂的做自己，就算父母暫時不高興，最後也會欣然接受。」那個能量就流過去了，心中不會有衝突和阻礙。

> 要告訴我們這樣一個經驗的情感真相是不可能的，我們必須自己去發現。

假設女兒每次都在折磨媽媽，無理取鬧，而媽媽總是覺得：「身為父母，要忍耐、有愛心，忍辱負重。」但說不定有一天，媽媽抓狂起來跟女兒講：「妳以為當女兒就可以這樣子嗎？我是妳媽媽，不是妳的奴才，妳要自己站起來，為自己負責。」當她帶著愛心這樣說，孩子反而能接受。

昨天有個媽媽從台南坐飛機來看我，孩子不吃東西，又瘦了一公斤，她擔心孩子會餓死，這時候她可以跟孩子說：「我是你媽媽，不是你的奴才，我一百二十個心不希望你餓死，如果你需要幫助，我全心全意的幫助你，但是如果你拒絕我的幫助，要把自己餓死，那是你的事，我也沒辦法，只能祝福你，下輩子我們有緣分再當母子。」

這樣說夠堅定，夠有力量吧！她不愛孩子嗎？愛。孩子會不會醒過來？不一定，但是她盡力了。她告訴孩子，媽媽隨時等著幫助他，同時也拒絕幫他背書，因為她展現出力量，要孩子為自己作主，每個人的生命都是獨立的個體。這時候她就不會有無力感，因為橋梁信念建立起來了。

如果想改變經驗，就要先改變觀念

這種橋梁信念常讓我們感知到賽斯提到的「看不到」的信念，就是我們之前一直持有，可是沒有覺察到的信念，可能是阻礙性信念。而這些對我們顯現出來又會像是一個啟示，然而，再想一下，我們就能了解，其實是另一個信念把它遮住了，因為我們把自己合理化了。但我們永遠對它有所覺察，以一種奇怪的方式而言，它不為我們所見，也是因為我們視它為理所當然，這句話很重要，因為我們不把那個信念當作對實相的一個信念，卻當作實相的本身，而從不質疑它。

覺得「人生是苦」，這是對人生的事實描述，還是對人生的信念？一定是信念。這個觀念會創造經驗，因此抱持著這種觀念的人，會誤以為「人生是苦」是一個事實，因為他們的確經驗到了。可是，所有的經驗都不是事實，只是觀念。受再多的苦都不能證明人生是苦，只證明了一個人相信人生是苦。

經驗不能說明什麼，只說明了有這樣的觀念和信念。假設一個人經驗了工作上許多困難、挫折、沮喪，這些看似是事實，其實都是先從觀念變成經驗。如果想改變經驗，就要先改變觀念。基本上而言，所有人都不知道人生的事實是什麼，只是懷抱著各式各樣的觀念。

假設我說：「我認為醫院是個很實際的地方，不可能實現身心靈的理想。」這是事實還是我的觀念？觀念，但可能也是個事實，因為它是透過我的觀念創造出來的事實。如果我想改變這個事實，就要改變觀念。

「社會是現實的」，這句話是信念還是事實？一定是信念，但可能也是事實，對於懷抱著這個信念的人，一定會是個事實，當他碰到困難，沒有人幫得上忙，這可能是他過去的經驗，但也一定是個觀念，如果繼續持有這個觀念，就會有這個經驗。

如果要改變人生，就要從改變觀念開始，接著就是按照新觀念去採取跟過去不一樣的行動，而且遇到挫折時，還願意再去嘗試，否則說相信新觀念就是騙人的。

第80講

80-1

先決定信念，才不會一直在人生的道路上打轉

（《個人實相》第三三七頁第三行）賽斯繼續講安琪亞的例子，一個三十幾歲的白人女性，剛離婚，有三個小孩，沒有工作。安琪亞從未懷疑「生活對一個女人比對一個男人而言更為艱難」的這個「事實」。因為她認為一個離婚的女人，又帶著孩子，生活當然很艱難，但是我講過，這是觀念還是人生的事實？是觀念。

當安琪亞檢查她的信念時，這個逃過了她，之前她沒有檢查出來。然而，這看不見的信念影響了她的行為和經驗，現在她了解它了，可以把它當作一個信念去處理，而不把它當作一個她無法控制的事實。例如某位同學得到癌症，轉移到腦、骨頭，他覺得癌症很難治療，這是事實還是信念？有沒有人得到癌症很好治療的？有，也有人得到癌症，根本沒有檢查出來，後來就莫名其妙痊癒。

像我在高雄有個個案的先生是大醫院裡的醫檢師，他說有個阿伯得到肝癌，肝腫瘤七、八公分，大概活不過三個月，醫生跟阿伯說：「你的肝癌很嚴重。」阿伯說：「肝癌，什麼是癌？」那時候健康知識沒那麼普及，阿伯回去只當成感冒治療，生活稍微做些改變，心態也調整一些。醫生一直交代說：「你要再來回診。」他說：「我現在很忙，沒時間跑醫院。」

等到幾個月後再回來檢查，醫生跟阿伯說腫瘤不見了，阿伯也不以為意，只說：「人家就介紹我說吃這個、吃那個，我也不知道怎麼好的。」他沒有把這個病想得多嚴重，也不覺得這麼嚴重的病要好起來很難，對他而言一切都很自然。之前有個台大腫瘤科的主治醫師，也是得到肝癌，結果一個月就死了，因為信念不一樣。因此，「癌症很難治療」不是事實，而是信念。

其實很多人在一生當中都莫名其妙得過癌症，也莫名其妙自己好起來，因為整個心境改變了，就自然好起來。若知道自己生病，這件事進入了有意識的系統，而當事人又相信治療很困難，會受盡折磨，結果就真的很難醫。因此要認清楚，人生是由信念創造實相，必須先決定信念，才不會一直在人生的道路上繞圈圈。

一旦建立起橋梁信念，當下煩惱變菩提

安琪亞開始認出「離婚的女人帶著小孩會沒有男人要」，只是一個信念，如果她改變信念，想說：「現在很多男人不想生小孩，覺得當現成的爸爸也不錯，而我這個生過小孩又歷盡滄桑的女人，一定可以把他侍奉得服服貼貼，跟那些第一次談戀愛嬌縱的女人不一樣，我會是男人的最愛。」這個信念一出來，自然會散發出一種有價值的色彩，周邊會圍繞著許多男人。

我相信每個人都有自己沒有認出來的信念，只是一直把信念當成事實。比如我是學醫的，如果有一天我對其他東西感興趣，我敢不敢去做？可能不敢，為什麼？因為我覺得自己除了當醫生外，什麼都不會，但這只是信念。如果換個想法：「我連醫學這麼困難的都學得會，學其他東西不是很容易嗎？」這就是橋梁信念。

以前有個當律師的病人來找我，很悲慘地說：「許醫師，我什麼都不會，只能當律師，連轉行都不能。」我就說：「你可以當法官或檢察官。」他說：

「那比當律師更慘，你看，當法官的有幾個長壽，他們壓力很大，案件堆積如山，每個人都快生病了。」他每天拖著沉重的腳步去上班，吃安眠藥才能入睡，很痛苦，覺得自己只能當律師，不當律師又不行。

其實這是阻礙性信念，假設他建立一個橋梁信念是：「我連律師都考得上，其他東西怎麼可能學不會呢？我連律師都能當了，還有什麼不能當？」如果他晚上想通了，第二天就會帶著輕快的腳步去上班，心想：「我今天快樂的當律師，就算哪一天不想當律師了，當什麼都可以。」

所有人生的煩惱和痛苦都在一念之間，不管是孩子不聽話、一事無成，或是老公每天酗酒，不負責任，一旦建立起橋梁信念，當下煩惱變菩提，心中的矛盾統統無影無蹤。

80-2

每個靈魂來到人間都為自己設下了各種挑戰

我來分享自己的衝突和矛盾，我是醫院的身心科主任，也是新時代中心的理事長。在醫院裡，醫學的主流是疾病、生理取向，新時代中心這邊是心靈取向，於是產生了矛盾、衝突。同樣的衝突大家可能都有，比如學了賽斯思想後，想跟其他人討論，他們會說：「你在講什麼東西，賽斯是那個附體靈魂喔！」或是回去跟老公說，他連聽都不想聽，跟朋友說，他們也聽不懂。

我自己也有矛盾和衝突，過去我做了很清楚的劃分，把人生分成兩塊：第一、我把自己在身心靈這個領域裡當作興趣，包括書籍出版和上課，一毛錢都沒拿，全然奉獻，彰顯我人性當中偉大的部分。第二、我在醫院領薪水是世俗層面，按時上下班，某種程度上還是得開藥給病人。之前我一直把後者界定成現實世界中的努力，以得到生活所需，然後再把生活所需去支持前者，犧牲奉獻、比較不現實的部分。後來這個矛盾慢慢擴大，我就想：「怎麼辦，如何兼顧醫院的自己和心靈的自己？」前幾天我找到了橋梁信念：在新時代中心這裡的自己是要實現理想的自己，在醫院的自己也可以是實現理想的自己。我認為不必屈服現實，或是按照現實的遊戲規則去玩，於是就沒有矛盾了。

我把「現實世界裡的工作，只是為了糊一口飯吃」的限制性信念拿掉。以前我的掙扎是：「如果醫院工作不做了，跳到心靈這一塊，經濟來源怎麼辦？我在這領域要不要收錢？不收錢怎麼生活、養父母？拿了錢我還能那麼偉大嗎？」尤其我哥哥又跑去當和尚，所以我才會一直找他麻煩，但他可能也是在幫助我，讓我的矛盾擴大，以便整合得更好，就這一點而言，他是我成長的助力。

我過去的限制性信念是：偉大就是不拿錢。我常常在想：「如果耶穌或佛陀說完法之後，跟每個人收五百塊，不知道是什麼情況？」這又是我的阻礙性信念，總認為這個東西應該很崇高偉大，而且一毛不取。

最近我自己的調整是：不再把我在社會裡檯面上的頭銜當作是糊一口飯吃，為五斗米折腰，其實我在醫院也不是在為五斗米折腰，因為我已經在我的範圍內實現了理想，包括我對個案的態度、用藥的方式，但我還是覺得不夠。

我還想把我所學的身心靈內容帶到醫院，如果可能的話，告訴院長：「我們醫院來改名字，叫做身心靈醫院，所有的醫生統統來學身心靈，我來訓練，讓醫生除了看病，還要看到人，少用藥多用心、少開藥多關心、少手術多傾聽。」我覺得醫院本來就應該要這樣做，不再認為在那個領域裡，應該形勢比人強，擔心講這些東西長官會不會不高興，同儕的認知會不會跟我起衝突？這都是阻礙性信念。後來我發現，在人生道路上所有的阻礙和困難，統統不是來自外界，而是來自我們的心，吾心信其可行，則移山填海之難，終有成功之日，再大的困難都易如反掌。

賽斯說過：「如果遇到一個這麼大的困難，怎麼辦？只要在你的心中看到那個困難其實沒那麼大，最後又腳踏實地去採取行動，困難就沒那麼大了。」我不是要大家只在心理上玩遊戲，還要加上具體行動，把這個原則運用在生活中，任何難關都可以度過，任何困難都有能力克服和解決，因為每個人自己就是那個解決困難的人，也是設定自我挑戰的人。

每個來到人間的靈魂，都為自己設下了大大小小的挑戰，目的是為了培養障礙超越賽的能力，而不是要放一顆石頭把自己壓死。例如生了一個腦性麻痺的兒子，這樣的小孩也是來幫助父母面對，他是父母人生中必須跨過去的障礙，這件事情有其意義。最大的困難都是來自於我們的心，我希望大家去思索自己的阻礙性信念。

80-3

夢境中會獲知橋梁信念，每個人在夢裡使用的象徵符號不同

（《個人實相》第三三七頁第六行）在夢境，我們也許會獲知我們的橋梁信念，若是如此，這個有意識的知識可能在白天突然冒出來，靈光乍現，比如，某甲一直在等別人幫忙，後來想說：「幹嘛等別人，我自己不會先走出去喊救命嗎？」有時候靈光一閃，就突然知道怎麼做，因為在作夢時，內我已經告訴過我們了。

隨著有覺知的了解，我們自己內在將會感覺到一種和解，一種內心的平靜，多年來的痛苦當下統統解決了。雖然夢本身未被有意識地記住，其實內心已經得到一種平靜。在夢裡可以用到不同的象徵符號，每個人在這方面都會不同，然而當這種夢被記起時，如果記起了這種橋梁信念、開悟性信念、疏通性信念的話，這個夢常常會涉及個人的象徵符號——比如說安全的過了河或海洋，有的人是泳渡日月潭。

有個同學之前參加泳渡日月潭，他發現最困難的問題不是體力，而是學會一邊游泳一邊小便，因為要游四、五個小時，最後不是體力不夠沒辦法上岸，而是無法在水裡小便，一旦學會了，就可以很自在地游完全程。大家可以穿泳裝在家裡浴室練習，他就是克服了這個障礙，才終於泳渡日月潭。

那個橋梁信念可能是安全的過了河或海洋，或以橋連接一個山澗。在這種時候，也可能有很強烈的情感內容，比如說，終於勝過了心理的混亂，甚至從死亡中復活。包括絕處逢生，因為已經痛苦得不得了，或是很多人經歷了一輩子的心裡痛苦，不管是先生外遇或自己劈腿、父母曾有過外遇，還是小時候被性侵，心裡的混亂都可以透過橋梁信念開悟，放下多年的痛苦，得到內心真正的平靜。

對於生病、經常很憂鬱或是暈頭轉向不知道怎麼跟媽媽相處的同學，賽斯這裡提供一個建議：可以暗示自己，讓這種橋梁信念露出來，這就是賽斯講的禱告，向我們內在的神禱告，因為我們是實習神明，遇到困難時，可以跟裡面的神明禱告，讓橋梁信念露出來。以前的禱告只是跟媽祖說：「媽祖，讓我的病好起來。」但是可能沒有用，因為矛盾是自己心裡的矛盾，媽祖也幫不了，現在可以跟媽祖說：「讓我的橋梁信念浮出來，讓我心裡的痛苦能夠緩解，找到一個解決內心衝突的橋梁。」

有意識的意念本身代表一個對意圖的聲明，彼此融會得不太好的各種核心信念，會給我們互相矛盾的自我形象。如果核心信念都融合得很好，就不會矛盾。現在，以下二者之間有所不同：一種是自由地實驗並且享受不同樣式的衣服、態度和行為，另一種是發現自己「迷失」在想改變自己的外表、態度與行為的強迫狀態之中。後者通常涉及相反的核心信念，意思是我們的思想在衝突。

比如，某甲想要有錢，又擔心有錢了親戚會來借錢；想要享受，又怕把這輩子的福報用完，下輩子就沒福報了；想過快樂、豐厚的生活，又怕人家罵他奢侈；想大吃特吃，又怕人家說他胖。這就是關鍵，所有的衝突都跟核心信念有關，造成了強迫的心態，甚至是強迫行為。一找到核心信念，馬上就疏通了，當下的痛苦立刻消除，因為兩個相反的核心信念握手言和。

常常被誇大的相反情感也會很明顯，一旦了解這點，就不難檢視我們的信念，把這些信念指認出來，而找出一個橋梁來統一似乎矛盾的地方。例如有個媽媽很愛自己的小孩，又很氣他，怎麼辦？兩個想法都要接受，然後找出橋梁信念：「我可以是一個很愛孩子又很氣他的媽媽。」因為兩個想法都是為他好，愛他是為他好，氣他也是為他好，最後的橋梁信念是：「開心就好。」把兩個自己統合起來，愛他或氣他都不重要了，告訴孩子：「你過得快樂就好，媽媽的意思不重要，你自己真的活得開心，媽媽也就開心了。」多年來的痛苦立刻煙消雲散，這叫做橋梁信念，找到就開悟了。

80-4

找到自己的能量，以展現攻擊性和創造力

橋梁信念是指掙扎了十幾年，一直走不出來的陰影，一下子想通開悟了。以一位肺癌轉到腦和骨頭的同學為例，什麼是她的橋梁信念？「我怕也是死，不怕也是死，老娘豁出去了。」痛苦了一輩子，突然想通了。假設某甲想不通到底要聽媽媽的還是不聽媽媽的，這時橋梁信念就是：「做自己，該聽的時候聽，不該聽的時候不要聽。」就這麼簡單。

再舉個武俠小說的例子解釋何謂橋梁信念，在《天龍八部》裡，丐幫幫主喬峰其實是契丹人，他的爸爸蕭遠山也是契丹人，蕭遠山一輩子有個很大的痛苦，因為太太、兒子、隨從在一場誤會、陰謀下，全被殺害，他後來才知道喬峰並沒有死。蕭遠山躲在少林寺，想把所有少林寺的功夫學完再去報復漢人，因為他身為契丹人，飽受漢人荼毒。

另一個主角慕容博是慕容復的爸爸，慕容博是大燕後代，一輩子想要興復大燕，以這件事做為他的核心信念來達成很多人生目標，例如跟一些商人結交，做下很多的錯事，讓漢人跟契丹人誤會、互相廝殺，想讓中原大亂，大燕就可以復國。

最後蕭遠山和慕容博在少林寺雙雙開悟，是誰促成開悟的關鍵？那位掃地僧，讓他們產生了一個橋梁信念，使他們突然想通了痛苦一輩子的事情。蕭遠山說：「管什麼契丹人還是漢人，契丹人是空，漢人也是空，好人有分契丹人還是漢人嗎？我自己做個好人就好。」

慕容博後來也開悟了：「復國也是空，不復國也是空，復了國又怎麼樣？百年後還不是黃土一堆，不管復國不復國，快樂自在就好，幹嘛自尋煩惱。」兩個人都找到橋梁信念，放下了多年來的痛苦。

在我們心頭糾結了一、二十年的東西，當下豁然開朗，這叫做橋梁信念，所以古人把橋梁信念當作是開悟的過程，因為一旦找到，就沒有痛苦。有的人會掙扎：「到底要說人家能接受的話，還是說人家不能接受的話？」到最後想：「我既不要討好你，也不要跟你作對，我只是說出真心話，不必擔心有沒有得罪你。」這就是橋梁信念，不再左右為難，就會邁開大步向前走。

像《天龍八部》中的鳩摩智後來武功盡失，在枯井裡開悟也是一樣，他找到一個橋梁信念：「之前我武功那麼高，到後來只是跟人家爭強鬥狠，反而忽略了佛法。」整個人澈底開悟。人生所有的苦痛都是在累積我們開悟的能量，讓我們找到那個橋梁，疏通心中的痛苦。

例如某乙在一段婚姻的痛苦裡糾結了一、二十年，終於想通：「不管他愛我還是不愛我，不干我的事，我自己有沒有愛我自己呢？」或是某丙十幾年來一直想不通：「到底我的初戀情人愛我還是不愛我？為什麼當初他沒有跟我結婚？」痛苦到最後，有一天突然真的放下了，回來找到自己，這就是橋梁信念。

賽斯的橋梁信念背後就是要讓我們開悟，找到自己的能量，讓自己的攻擊性、創造力得以展現，而不是困在一層又一層的束縛、煩惱、限制性信念裡。假設某丁同學有個限制性信念：「如果哪一天我能有許醫師這種好口才，就可以四處弘法了。」這時他的橋梁信念可以是：「許醫師弘他的法，我弘我的法，有些我能做到的，他還不見得做得到呢！」一旦這個信念來了，會像吃了菠菜一樣活力十足，如果有人問他問題，就不會說：「哎呀！不要問我，我這個也不會，那個也不會，去問許醫師。」而是說：「這個我來處理，一定沒問題，如果有問題再去找許醫師。我現在一邊幫自己，一邊幫別人，我邊學邊做，邊做邊學，我不用像許醫師那樣，我現在就很棒了，而且會越來越棒。」

請大家找回自己的力量，當下豁然開朗，心中不再有任何罣礙，所有的罣礙都是阻礙性信念，找到了橋梁信念，就心生自在喜樂。

80-5

任何問題的答案都能從內心浮現，不必期待別人提供的答案

（《個人實相》第三三八頁倒數第二行）這裡賽斯以魯柏為例來鼓勵大家。自從這本書開始以後，魯柏就在實驗他的信念，而以他自己的方式用那些方法，如每一個讀者也必須做的。剛才跟大家分享過，我自己也在找橋梁信念，在當醫生的自己和身心靈老師的自己之間，架起一座橋梁，因為這兩個自己都想實現理想，找到橋梁信念就不會覺得痛苦。

當賽斯書開始時，魯柏很難相信在意識心裡可以得到這麼多的答案。我講過，我們知道的永遠比以為的還要多，答案都在內心當中，要去問自己的內心，而且相信內心有答案，告訴自己：「答案會浮出來。」相信解決任何問題的答案都可以從內心浮現，就會有力量，不再一直期待別人提供的答案，因為來自別人的答案只是當參考，通常沒什麼用，自己的答案最有效。

別人給的答案只是要幫助我們找到自己的答案，就像孩子花父母給的錢跟花自己賺的錢一定不一樣，自己努力賺來的錢最珍貴，父母給的很快就花完了，所以有時候一部分用父母給的錢，一部分用自己的錢，慢慢調整比例，以後全部用自己的錢，就不會成為敗家子。其實那些敗家子不是故意要敗家，因為如果父母不給他錢，他怎麼敗？

相信在意識心裡可以得到這麼多的答案，相信很多事情可以去了解。賽斯在此要用魯柏作為一個例子來顯示，一個橋梁信念如何出現以融合似乎完全相反的意念。以前有同學講說：「我現在學這些賽斯思想，會不會有些人是不同意的、朋友是不是會越來越少？以前那些學佛的朋友會不會不再跟我來往？」這樣不對，要把他們統統帶來一起上課。

許多事情根本沒那麼矛盾，都是自己把它想得很矛盾，橋梁信念可以融合似乎相反的意念，不管持有的是那一個信念，這同樣的過程都會發生。魯柏是有決心的、堅持的、固執的，有極大的能量，也是創造性的、直覺的，他的意識天賦就有極佳的彈性，並且把生活建立在自己是個作者這個核心信念上。魯柏花很多時間寫書、寫詩，因為他認為自己應該要當作家，成為作家是他的核心信念。

很多人的核心信念是當家庭主婦、好媽媽、好老師、好主管、好員工、好女兒，每個人或多或少都有一個核心身分。我常講，菜要吃不同的種類，身分也不能只有一個，例如每天下班回家只當乖女兒，不去約會、不跟朋友出去、不參加讀書會，連上班時間都在想怎麼當乖女兒，剛開始當然會把乖女兒做得很好，但到最後會慢慢失落自己，除了乖女兒之外，什麼都不是，這就是阻礙性信念。

魯柏透過自己是作家這個信念看所有的經驗，把它們連在一起，他鼓勵那些可以加強這信念的衝動，而阻止那些不加強它的。如果一個女人完全把身分建立在媽媽上面，下了班本來想去按摩或看展覽，就不會去，也不敢去了，因為她主要的身分是當個負責任的媽媽，所以會把這些衝動刪掉。

只沿著一個特定主題去組織自己的經驗，會變成阻礙性信念

現在因為這特殊的氣質，可以說，魯柏把自己所有的蛋都放在一個籃子裡，他全心貫注做他想做的事，任何跟寫作的自己有關的事他都做，任何無關

的事都刪掉了。我們那些做同樣事情的人，也以一個特定方式去看我們自己。像我也犯了這個錯誤，所有跟上賽斯課、弘揚賽斯思想的事我才會注意，跟上課或我現在行程無關的衝動一概不管，這會變成阻礙性信念，每個人都要找到自己的阻礙性信念。

不管那是什麼，我們會主要地把經驗沿著一條特定的線去組織。每個人都會把自己的經驗，沿著一個特定的主題去組織。為什麼很多得癌症的人後來沒有好？因為整個生活都圍繞著癌打轉，為了治療癌症，過著不正常的生活，癌怎麼會好？我常講，養什麼東西，那個東西就會越來越大，養豬豬會越大隻，養鳥鳥會越大隻，有時候讓病好起來的最佳策略是不予理會，去過根本沒病的生活，一旦把病忘了，病就會無影無蹤。

講個笑話，之前有個同學一直念茲在茲，想著自己有癌症，開車經過看到牆上寫著專治癌症，就趕快倒車回來看，原來是寫專治壁癌。有時候得了重病，如果該做的都做了，剩下的就是安心去過想過的生活，忘掉自己是癌症病人，就像煮飯一樣，放了米、加了水，打開電源後，不要每隔五分鐘去看一次，這樣怎麼會熟呢？

來到我們這裡，根本不會管誰是癌症病人，該做的事還是要做，該快樂還是要快樂，難道得了癌症就不可以快樂嗎？沒有那回事。家人的態度也很重要，適度表達愛和關心沒有錯，但如果過度表達對癌症病人的愛和關心，反而會讓他的癌症更離不開，因為所有人都給他愛和關心，他會覺得：「這個感覺太美妙了，病好了怎麼辦，就沒有人愛我了，當然只好繼續『癌下去』！」

因此，家人應該鼓勵病人獨立，不是持續加強他有癌症這件事，有時候病人都忘了自己有癌症，家人還會提醒他：「你有癌症，這個東西不要吃，那個水不要喝，這邊空氣比較適合養病。」這樣不是在愛他，而是在害他。我們關心一個人、愛一個人，是幫助他脫離這樣的身分，請他不要入戲太深。有時候我會跟病人說：「你還真的以為你得癌症喔！這只是一場戲，演得那麼像，還不醒過來。」

在這場戲裡，當然會有癌症切片，因為我們活在一個以意念建構物質實相的宇宙裡，以原子和分子搭建出人生舞台，但不表示這就不是夢，不表示人生就不是幻相。不要把幻相當成實相，我常跟同學說：「醒過來吧！開始過沒有病的日子，過去生病的日子就像一場漸行漸遠的夢。過去不快樂、悲傷、每晚哭著醒來的自己，就像一場惡夢，越來越遠。未來要過什麼樣的日子，自己要選擇，往事像一場夢，人生如夢。」

80-6

不要受限於性別或職業角色

人會把自己的經驗沿著一條特定的線去組織，組織失敗就會生病，有時候生病是一種團結系統。比如，某甲本來要當個成功的商人，後來只當了失敗的商人，失敗之後無法自我接納，身分感組織不起來，於是退而求其次，改當病人，而病人只是過渡階段。

所有的病都是過渡階段，因為沿著原來組織的那個角色很失敗，例如某乙本來覺得自己是很棒的媽媽，有一天孩子上吊自殺，才發現她都是以自認為好的方法愛孩子，孩子不能接受，她崩潰後得到憂鬱症，這個病就是過渡階段。直到有一天，她終於又找到橋梁信念：「孩子自殺了，那是他的命運。畢竟我也用心以最好的方式去做，也許我的方式錯了，可是不代表我這個人錯了，人到人間是來學習的，我可以檢討我的方式，但不能全然否定自己，雖然我是個教育方式失敗的人，不代表我是個全然失敗的人。」一旦這個橋梁信念出來，當下改變，就可以祝福孩子：「將來有機會，媽媽願意用不一樣的方式續緣。」

我覺得學了賽斯心法後真的很棒，再困難、再難解的人間痛苦似乎都能迎刃而解，當下可以得自在、得解脫。

（《個人實相》第三三九頁第九行）到底每個人的人生主要經驗是什麼？這個特定的經驗，可以是我們的性別角色或職業角色。有的女人太入戲，就會覺得：「這種事情是男人做的，我們女人能做嗎？」這就是自我設限。在這個宇宙裡，所有男人能做的，女人都能做，而且還能比男人多做一件事：生小孩。

不要讓性別角色限制了自己。我也會有角色上的困難，假設有個人來抱怨：「許醫師，你的書我都看不懂，害我花了錢買書。」我男性的自己可能會生氣說：「你買了不高興，去退貨啊！來煩我幹什麼？」那是一種對抗。但有時候我慈母的自己會很衝動，想跳出來說：「沒關係，不要挫折，看不懂就慢慢看，你覺得哪裡寫不好可以告訴我，我再改進。」可是又覺得說這些話有點尷尬，這是我的矛盾，所以我正在克服心理障礙，這是靈魂上的學習，也許將來有機會展現慈母那一面，明知道孩子無理取鬧，還是願意包容。

這部分可能跟我媽媽有關，有時候我跟媽媽耍賴，她都會包容，所以跟某些人互動時，我就把對方當成是我在無理取鬧，然後我假裝是我媽媽，此時媽媽的包容心就會出來。

有些媽媽可能相反，不斷包容、縱容孩子，從來沒有拿出身為媽媽的威嚴，結果孩子根本不把她當一回事，她們缺乏的是男性特質，應該要讓孩子知道：「媽媽愛你，但是你也不能騎到我頭上來。」

像我們有位同學原來的身分是公務員，後來的主要身分和人生方向變成如何推廣賽斯的觀念，突然覺得生命很充實。每個人都有自己的方向，一旦有了很明確的身分感，生命奮鬥的感覺就會出來。很多人之所以在人生中迷失，就是覺得原來的身分感沒有意義，又找不到新的身分感。

過於集中在一個狹隘的角色，會阻止人格在其他方面擴展

我們也許首先把自己當一個媽媽、爸爸、老師、編輯，或一個男人中的

男人，然而，我們會把某一個特質凸顯出來——運動天分、靈性傾向，或不論什麼。我們會去強調某一個特質，而忽略其他的。比如，要當一個男人中的男人，當然會把母愛的精神壓下去。

且說，如果原先的觀念隨著我們的經驗繼續擴大，而本身又沒有給我們很大的限制，這種集中是非常好的，賽斯很肯定集中。一個人也許主要把自己看作母親，在孩子上小學前，是很負責的媽媽，孩子上高中了，還繼續當負責的媽媽，擔心孩子吃飽了沒、會不會冷、是不是太晚睡嗎？這已經不叫負責的媽媽，而是轉型變成失敗的媽媽，因為那是找孩子的麻煩，那個階段的孩子需要的是同儕團體的認同，不要一個每天想盡責任的媽媽黏在身邊。

另一個極端的例子是孩子剛出生，才一、兩個月大或是一歲，媽媽就想要做自己，去唱歌、跳舞，那麼孩子可能要餓死了。所以很多信念有時間性，剛開始的集中很好，但是要自然轉型。

一個人也許主要把自己看作母親，最初那可能只涉及在家照顧孩子，但如果對自己的概念一直如此局限的話，那麼也許會排除掉作為她先生的太太的身分。這時先生可能開始外遇，然後說：「妳顧妳的孩子，我去外面找樂子。」

如果只把自己的主要身分當作是媽媽，忽略掉太太的角色，則孩子跟母親的關係過於親密，跟父親的關係過於疏離，父親在家裡得不到情感的支持和鼓勵，會去外面發展情感關係。

有另一點是華人媽媽最缺乏的，就是只把身分感鎖定在小家庭，為先生和孩子服務，沒有社會意識。也就是說，媽媽的角色必須擴展到社區媽媽、學校愛心媽媽，把全部的孩子當成自己的孩子，這樣生命才會有更大的意義，否則每天都會在痛苦中。

我不會把我的角色、時間只花在孝順我的爸媽，我會鼓勵他們獨立，這樣我就有很多時間和精力，去教導和孝敬社會上很多的爸媽。我期待大家慢慢把愛擴展出去，不要只是自掃門前雪，除了關心自己的孩子，也要關心別人家的孩子。當我們開始關心別人家的孩子，我們家的孩子也會有別人來關心，大家的身分感要打開。

如果只集中在一個狹隘的角色，會否定其他的許多興趣，而阻止人格在其他方面擴展。如果只是家裡的媽媽，會只顧自己的孩子有沒有吃飯、起床、打電動，如果擴展成為社區媽媽，則會開始關注社區兒童的安全、發展，整個生命就有了不一樣的意義。

我去香港上課時跟他們說：「許老師在香港上課所有的錢都留在香港，給香港人當新時代發展的基金。」以後如果到美國、加拿大也一樣，我不只是台灣人，我要當世界人，我對所有人一視同仁，要讓大家了解賽斯心法和身心靈的觀念，不是只愛台灣人，這樣整個心量才會擴大。

愛的推廣辦法

看完這本書，是否激盪出您內心世界的漣漪？

如果您喜歡我們的出版品，願意贊助給更多朋友們閱讀，下列方式建議給您：

1. 訂購出版品：如果您願意訂購一千本（印刷的最低印量）以上，我們將很樂意以商品「愛的推廣價」（原售價之65折）回饋給您。

2. 贊助行銷推廣費用：如果您認同賽斯文化的理念，願意贊助行銷推廣費用支持我們經營事業，金額達萬元以上者，我們將在下一本新書另闢專頁，標上您的大名以示感謝（每達一萬元以一名稱為限）。

請連絡賽斯文化或財團法人新時代賽斯教育基金會各地分處，我們將盡快為您處理。

●愛的連絡處

如果您認同本書的觀念及內容，想要接受我們的協助：如果您十分認同本書的理念，想依循本書的觀念成為一位助人者的角色；如果您樂見本書理念的推廣，而願意提供精神及實質的協助；請與財團法人新時代賽斯教育基金會各地分處連繫：

●台中總會　電話：04-22364612　傳真：04-22366503
E-mail: edu10731@seth.org.tw
台中市北區崇德路一段六三一號A棟十樓之一

●台北辦事處　電話：02-25420855
E-mail: taipei@seth.org.tw
台北市中山區長安東路二段四九號六樓

●新北辦事處　電話：02-26791780
E-mail: xinpei@seth.org.tw
新北市新莊區思源路一七三號十二樓

●新竹辦事處　電話：03-6590339
E-mail: hsinchu@seth.org.tw
新竹縣竹北市嘉豐六路一段九六號二樓

●嘉義辦事處　電話：05-2754886
E-mail: Chiayi@seth.org.tw
嘉義市吳鳳北路三八一號四樓

●台南辦事處　電話：06-2134563
E-mail: tainan@seth.org.tw
台南市中西區開山路二四五號十樓

●高雄辦事處　電話：07-5509312　傳真：07-5509313
E-mail: kaohsiung@seth.org.tw
高雄市前金區中山二路五〇七號四樓

●屏東辦事處　電話：08-7212028　傳真：08-7214703
E-mail: pintong@seth.org.tw
屏東市廣東路一二〇巷二號

●賽斯村　電話：03-8764797　傳真：03-8764317
E-mail: sethvillage@seth.org.tw
花蓮縣鳳林鎮鳳凰路三〇〇號

●賽斯ＴＶ　電話：02-28559060
E-mail: sethtv@seth.org.tw
新北市新店區北新路一段二九三號七樓之三

●香港聯絡處　電話：009-852-2398-9810
E-mail: info@seth.hk

●深圳市麥田心靈文化產業有限公司　許添盛微信訂閱號：SETH-CN　微信：chinaseth　電話：86-15712153855

●新加坡賽斯基金會　電話：8699-5765　E-mail: sethsingapore@hotmail.com

●馬來西亞賽斯教育基金會　電話：016-5766552　E-mail: admin@seth.org.my

●澳洲賽斯身心靈協會　電話：006-432192377　E-mail: ausethassociation@gmail.com

●台灣身心靈全人健康醫學學會　電話：02-22193379　傳真：02-22197106
E-mail: tshm2075@gmail.com
新北市新店區中央七街二六號四樓

賽斯文化 特約點

台北	佛化人生	臺北市大安區羅斯福路3段325號6樓之4	02-23632489
	墊腳石重南店	臺北市重慶南路1段3號	02-23708836
	水準書局	臺北市浦城街1號	02-23645726
中壢	墊腳石旗艦店	中壢市中正路89號	03-4228851
新竹	墊腳石新竹店	新竹市中正路38號	03-523-6984
台中	諾貝爾旗艦店	臺中市公益路186-2號	04-2320-4007
斗六	田納西書店	雲林縣斗六市民生南路6號1F	05-532-7966
嘉義	墊腳石嘉義店	嘉義市中山路583號	05-2273928
台南	政大書局台南店	台南市中西區西門路2段120號B1	06-2239808
高雄	青年書局	高雄市青年一路141號	07-332-4910
	鳳山大書城	高雄市鳳山區中山路138號B1	07-743-2143
	明儀圖書	高雄市三民區明福街2號	07-3435387
花蓮	政大書局花蓮店	花蓮市中山路547之2號3樓	038-316019

依爾達 特約點

台北	玩賽斯工作室	台北市大安區雲和街63號	02-23655616
新竹	新竹曼君的店	新竹市東南街96巷46號	035-255003
台中	賽斯興大讀書會	台中市永南街81號	0932-966251
高雄	天然園	高雄市林園區林園北路264號	07-6450406
	間隙輕展覽空間	高雄市左營區富國路450巷24號	07-5508808
美國	北加州賽斯人	sethbayareagroup@gmail.com	
馬來西亞	賽斯學苑	sethlgm@gmail.com	009-60122507384
	檳城賽斯推廣中心	sethPenang@gmail.com	
	檳城賽斯心靈推廣中心	sethspaceplt@gmail.com	009-601110872193

賽斯文化

想完整閱讀賽斯文化的書籍嗎？
以上地點有我們全書系出版品喔！

心靈的殿堂　賽斯學院
需要您慷慨解囊　一起播下愛的種子

賽斯鼓勵每一個人都應該去建立內在的「心靈城市」...

賽斯村就是賽斯家族內在的「心靈城市」，就是心中的桃花源，就是我們心靈的故鄉。

在這裡沒有批判，沒有競爭，沒有比較，充滿智慧，每個生病的人來到這裡就能得以療癒，每個失去快樂的人來到這裡就能重獲喜悅，每個生命困頓的人來到這裡就能找到內在的力量，重新創造健康、富足、喜悅、平安的生命品質。

「賽斯村-賽斯學院」由蔡百祐先生捐贈，從心中藍圖到落實為一磚一瓦的具體建築，民國103年第一期工程「魯柏館」及「約瑟館」終於竣工；在這段篳路藍縷的興建過程中，非常感謝長久以來各方的贊助與支持，「賽斯學院的建設計畫」才能順利進行。

第二期工程「賽斯大講堂」即將動工，預估工程款約三仟萬，期盼您的持續贊助與支持~~竭誠感謝您的捐款，將能幫助更多身心困頓的人找回生命的力量！

服務項目

◎住宿 ◎露營 ◎簡餐 ◎下午茶 ◎身心靈整體健康觀講座 ◎身心靈成長工作坊
◎賽斯資料課程及讀書會 ◎個別心靈對話 ◎全球視訊課程連線
◎企業團體教育訓練 ◎社會服務

捐款方式

一、匯款帳號：006-03-500435-0　　銀行：國泰世華銀行 台中分行
　　戶名：財團法人新時代賽斯教育基金會

二、凡捐款三仟元以上，即贈送「賽斯家族會員卡」一張，以茲感謝。
（持賽斯家族卡至賽斯村住宿及在基金會各分處購買書籍書、CD皆享有優惠）

地址：花蓮縣鳳林鎮鳳凰路300號　　**電話：(03)8764-797**
http：//www.seth.org.tw/sethvillage　　Mail：sethvillage@seth.org.tw

Seth
遇見賽斯 改變一生

心靈魔法學校 -賽斯教育中心啟建計劃

每個人都有不可思議的心靈力量，無分性別與年紀。啟動心靈力量，可以幫助人們自幼及長，發揮潛能，實現個人價值，提升生命品質，明白我們都是來地球出差、旅遊、學習、考察間玩耍的實習神明！

理想

賽斯心靈魔法學校，是基金會實踐心靈教育的具體呈現，整合十幾年來推廣賽斯心法的經驗，精心設計一套完整的人生學習計畫，從入胎、誕生至臨終，象徵人類意識提升的過程。讓賽斯引領每一個人回到心靈的故鄉。

現址

只要每個人一點點的心力，就能共同創造培育『心靈』與『物質』同時豐盛的魔法學校。

第一期建設經費預估四千萬，懇請支持贊助。

賽斯教育中心預定地，設置在台中潭子區，佔地167坪

弘文中學旁邊(中山路三段275巷)

共同創造

賽斯教育中心啟建計畫　贊助專戶

戶名：財團法人新時代賽斯教育基金會

銀行：國泰世華銀行-台中分行(013)

帳號：006-03-500490-2

SethTV 賽斯公益網路電視台www.SethTV.org.tw

這是一個24小時無國界的學習與成長，連結網路科技，傳播心靈無限祝福的能量！

2016年7月1日開放了

賽斯公益網路電視台SethTV播映許添盛醫師及賽斯家族推廣的賽斯心法，提供全人類另一種"認識自己"及"認識世界"的新觀點。

打開視野，擴展生命本自具足的愛、智慧、慈悲、創造力與潛能！

邀請您成為賽斯公益網路電視台的「守護者」

共同為人類意識的擴展，美好的未來盡一份心力。

您可以選擇：

1 每月定時贊助

2 自由樂捐

3 成為贊助發起人

每月一百元不嫌少，讓我們匯聚個人的力量，成為轉動世界的能量！！

贊助方式

SethTV專戶

戶名 財團法人新時代賽斯教育基金會
銀行代號 013
國泰世華銀行 台中分行
帳號：006-03-500493-7

現場捐款
(請洽各辦事處)

線上捐款

任何需要進一步說明，請洽 SethTV Email:sethtv@seth.org.tw Tel:02-2855-9060

國家圖書館出版品預行編目 (CIP) 資料

表達 :《個人實相的本質》讀書會. 8 / 許添盛
主講；李宜懃文字整理. -- 初版. -- 新北市 :
賽斯文化事業有限公司, 2025.02
面；公分. -- (賽斯心法；12)

ISBN 978-626-7332-90-0 (平裝)

1.CST：超心理學 2.CST：讀書會

175.9 113018291

每天的生活，都是靈魂的精心創造

You create your own reality.

每天的生活，都是靈魂的精心創造

You create your own reality.